全国技工院校文化系列教材

中华优秀传统文化

学习指导与实践

Zhonghua Youxiu Chuantong Wenhua
Xuexi Zhidao Yu Shijian

第三册 广东卷

主　编　吴洪东　杨　敏

副主编　李红强　谢　黧　谢广伟
　　　　黄　月

参　编　焦旭伟　赵　蕊　李瑞文
　　　　梁玉媚　刘丽华　蒋　玲
　　　　陈　燕　宁国飞　谢炎均

中国劳动社会保障出版社

图书在版编目（CIP）数据

中华优秀传统文化学习指导与实践．第三册，广东卷 / 吴洪东，杨敏主编．-- 北京：中国劳动社会保障出版社，2023
全国技工院校文化系列教材
ISBN 978-7-5167-5908-0

Ⅰ．①中…　Ⅱ．①吴…　②杨…　Ⅲ．①中华文化 - 技工学校 - 教材　Ⅳ．① K203

中国国家版本馆 CIP 数据核字（2023）第 088226 号

中国劳动社会保障出版社出版发行
（北京市惠新东街 1 号　邮政编码：100029）
*
北京市白帆印务有限公司印刷装订　　新华书店经销

787 毫米 × 1092 毫米　16 开本　7 印张　138 千字
2023 年 7 月第 1 版　　2023 年 7 月第 1 次印刷
定价：14.00 元

营销中心电话：400-606-6496
出版社网址：http://www.class.com.cn
http://jg.class.com.cn

前　言

“唯有精神上达到一定的高度，这个民族才能在历史的洪流中屹立不倒、奋勇向前。”党的二十大报告指出，中华优秀传统文化源远流长、博大精深，是中华文明的智慧结晶。在 5 000 多年文明发展中孕育的中华优秀传统文化，代表着中华民族独特的精神标识。今天，技工院校的学生正在技能之路上不断前行；未来，他们会在技能的舞台上一展雄姿，成为适应世界科技革命和产业变革的高技能人才。世界形势风云变幻之下，中国的高技能人才不仅需要熟练掌握技能，还需要具备深厚的人文素养、拥有做中国人的底气和自信。中华优秀传统文化是中华文明的智慧结晶和精华所在，是中华民族的根和魂。我们从中汲取营养，必能在文化激荡中站稳脚跟。

中华优秀传统文化需要在书本中获得，也需要在活动和实践中内化。“中华优秀传统文化学习指导与实践”系列就是让学生在学习完中华优秀传统文化相关知识后，一步一步引领学生在练习与实践中内化真知。

结合学生的认知规律，我们确定了中华优秀传统文化的内化过程：初步体悟—实践感知—体悟升华。具体到每课来说，初步体悟环节深度解析了“中华优秀传统文化”系列中“含英咀华”部分的选文，从重难点字词注音与注释、作者生平与写作背景介绍、选文朗诵等几个维度“扶一扶”学生，辅助学生完成知识巩固与文化的初步体悟；实践感知环节呼应了“中华优秀传统文化”系列“博观约取”“源远流长”“谈古论今”等部分的内容，又做了适度发挥和超越，旨在通过录制小视频、拍摄情景剧、组织辩论赛、当众去演讲、实地去调研、充当小导游等诸多学生们喜爱的活动形式，引导学生在活动中、在参与中完成实践探索和心灵体悟；体悟升华环节将“中华优秀传统文化”系列“含英咀华”部分的选文做成了字帖，力求让学生们在描红的时候静下来、慢下来，在眼、手、脑、心的“合奏”下将已学、已做、已感受之内容“熔”为己物，完成体悟的升华。借助“中华优秀传统文化学习指导与实践”系列，学生获得了文化的熏陶，在动手、动嘴、动脑、动心中自觉完成了文化吸收和文化浸润，以上这些，终将外化为具有文化素养的个体行为。

本套广东卷为“中华优秀传统文化学习指导与实践”系列之一，由广东省一线骨干教师执笔，共分四册。单册设四个单元，分别是百工之艺、处世之道、哲人之思、民俗之情，各册相同。全书秉承“中华优秀传统文化学习指导与实践”系列的设计理念，以学生为中心、以活动为载体、以能力为本位，充分贯彻二十大精神，引导学生在自主探究中领悟“百工之艺”单元能工巧匠技术背后的真谛，体会“处世之道”单元先贤们总结出来的处事原则和方法，分析“哲人之思”单元哲人们传授给我们的看待世界的方式和自我价值的认定模式，沐浴“民俗之情”单元给予我们的礼俗洗礼。

大道至简，知易行难，知行合一，得到功成。希望技工院校的学子们能够在学习和内化中华优秀传统文化的过程中完成文化自信的重塑，站在先人的肩膀上继续投身于永不止步的自我完善之中、投身于中华民族的伟大复兴之中，成为真正的高技能人才，收获有分量的人生！

编者

2023 年 6 月

目　录

百工之艺

第一课　镂木通神

一、声声入耳

扫二维码，听朗诵录音。参考注释和教材译文，体会诗文中蕴涵的思想感情。

核舟记

［明］魏学洢(yǐ)

明有奇巧人曰王叔远[1]，能以径(jìng)寸之木，为(wéi)[2]宫室、器皿、人物，以至鸟兽、木石，罔(wǎng)[3]不因[4]势象[5]形，各具情态。尝[6]贻[7]余核舟一，盖[8]大苏[9]泛[10]赤壁云[11]。

舟首尾长约八分有(yòu)[12]奇(jī)[13]，高可[14]二黍[15]许。中轩[16]敞者为舱，箬(ruò)篷[17]覆之[18]。旁开小窗，左右各四，共八扇。启窗而[19]观，雕栏相望焉[20]。闭之[21]，则右刻“山高月小，水落石出”[22]，左刻“清风徐来，水波不兴”[23]，石青糁(sǎn)之[24]。

船头坐三人，中峨冠[25]而[26]多髯[27]者为东坡，佛印[28]居右，鲁直[29]居左。苏、黄共阅一手卷。东坡右手执卷端，左手抚鲁直背。鲁直左手执卷末，右手指卷，如有所语。东坡现右足，鲁直现左足，各微侧，其两膝相比[30]者，各隐卷底衣褶中。佛印绝类[31]弥勒，袒胸露乳，矫首昂视[32]，神情与苏、黄不属[33]。卧右膝，诎(qū)[34]右臂支船，而[35]竖其左膝，左臂挂念珠倚之[36]——珠可历历数也。

舟尾横卧一楫。楫左右舟子各一人。居右者椎(chuí)髻(jì)[37]仰面，左手倚一衡[38]木，右手攀[39]右趾，若啸呼状。居左者右手执蒲葵扇，左手抚炉，炉上有壶，其人视端容寂[40]，若听茶声然[41]。

其船背稍夷[42]，则题名其上，文曰“天启壬戌秋日，虞山王毅叔远甫[43]刻”，细若蚊足，钩画了了[44]，其色墨。又用篆(zhuàn)章[45]一，文曰“初平山人”，其色丹。

通[46]计一舟，为人五；为窗八；为箬篷，为楫，为炉，为壶，为手卷，为念珠各一；对联、题名并篆文，为字共三十有四。而[47]计其长，曾(zēng)[48]不盈[49]寸，盖简[50]桃核修狭[51]者为之。嘻[52]，技亦灵怪矣哉[53]！

（本文略有删节）

【注释】

1. 王叔远：明朝著名雕刻家。

2. 为：动词，做，这里指制作、雕刻。

3. 罔：没有，无。

4. 因：依据，顺应。

5. 象：模拟，仿照。

6. 尝：曾经。

7. 贻：赠送。

8. 盖：大概，应该是。

9. 大苏：苏轼，北宋词人、散文家，唐宋八大家之一，与其弟苏辙分别被称为大苏、小苏。

10. 泛：泛舟。

11. 云：句末语气词，可不译。

12. 有：放在整数和零数之间，同“又”。

13. 奇：零数。

14. 可：大约。

15. 黍：又称黍子，五谷之一，去皮后叫黄米。古代以一粒黍的长度为一分。

16. 轩：高。

17. 箬篷：箬竹叶做成的船篷。

18. 之：代词，指船舱。

19. 而：表承接。

20. 雕栏相望焉：雕刻着花纹的栏杆左右相对。焉，句末语气助词，可不译。

21. 之：代词，指窗户。

22. “山高月小，水落石出”：出自《后赤壁赋》。

23. “清风徐来，水波不兴”：出自《赤壁赋》。

24. 石青糁之：石青，一种蓝色的矿物质颜料。名词作状语，这里可以翻译为用石青。糁，名词作动词，涂染。之，代词，指字的凹陷处。

25. 峨冠：戴着高帽子。

26. 而：表并列。

27. 髯：两腮的须，此处泛指胡须。

28. 佛印：宋朝僧人，苏轼的朋友。

29. 鲁直：宋朝文学家黄庭坚，字鲁直，苏轼的朋友。
30. 比：靠近。
31. 绝类：非常像。绝，非常，极其。类，像。
32. 矫首昂视：抬头仰望。
33. 属：相类似。
34. 诎：弯曲。
35. 而：表并列，并且的意思。
36. 之：代词，指左膝。
37. 椎髻：名字作动词，梳着椎形的发髻。
38. 衡：同“横”。
39. 攀：扳。
40. 视端容寂：目光正视（茶炉），神情平静。视，目光。端，正。寂，平静。
41. 然：……的样子。
42. 夷：平。
43. 甫：古代对男子的美称。
44. 了了：清楚明白。
45. 篆章：篆字印章。
46. 通：总。
47. 而：表转折，但是。
48. 曾：竟，却。
49. 盈：满。
50. 简：同“拣”，挑拣。
51. 修狭：长而窄。
52. 嘻：语气词，可以直译为“嘻”，也可以意译为“哈”“哎呀”。
53. 技亦灵怪矣哉：技艺也真灵巧奇妙啊！矣哉，语气词，可译为“啊”。

二、朗朗上口

在了解诗文背景的基础上，借助标记符号朗诵诗文。参照相应的朗诵录音，不断提升自己的诵读水平。初期可以跟随录音诵读。

核舟记

【作者生平】

魏学洢（约 1596—约 1625），字子敬，嘉善（现浙江省嘉兴市）人，明末散文家，撰有《茅檐集》。

魏学洢是明末著名的才子，其父魏大中是一位名臣，因弹劾奸臣魏忠贤被陷害至死。魏学洢因父亲去世、家庭遭变而病故，去世时年仅 29 岁。魏学洢一生未入仕，他的代表作之一就是这篇《核舟记》。

【写作背景】

北宋年间，苏轼因受政治打压被贬黄州，他多次与友人游历当地的赤鼻矶，借景抒怀，写下了《赤壁赋》《后赤壁赋》等千古佳作。

雕刻家取材于苏轼泛舟赤鼻矶之事，既因核之势，雕出舟之形，又能于微细处突显人物不同的神态，使人、物、景融于一体。作者写这篇《核舟记》，是想表达对雕刻家超凡技艺的赞叹，更是想表达对雕刻家工匠精神的钦佩。

【朗读指导】

明｜有奇巧人｜曰王叔远，能｜以径寸之木，为｜宫室、器皿、人物，以至｜鸟兽、木石，罔不｜因势象形，各具｜情态。尝｜贻余｜核舟一，盖｜大苏泛赤壁云。

舟首尾长约｜八分有奇，高可｜二黍许。中｜轩敞者｜为舱，箬篷｜覆之。旁开｜小窗，左右｜各四，共｜八扇。启窗｜而观，雕栏｜相望焉。闭之，则右刻｜“山高月小，水落石出”，左刻｜“清风徐来，水波不兴”，石青｜糁之。

船头｜坐｜三人，中｜峨冠而多髯者｜为东坡，佛印｜居右，鲁直｜居左。苏、黄｜共阅｜一手卷。东坡｜右手｜执卷端，左手｜抚鲁直背。鲁直｜左手｜执卷末，右手｜指卷，如有｜所语。东坡｜现｜右足，鲁直｜现｜左足，各｜微侧，其｜两膝｜相比者，各隐｜卷底｜衣褶中。佛印｜绝类｜弥勒，袒胸｜露乳，矫首｜昂视，神情｜与｜苏、黄｜不属。卧｜右膝，诎｜右臂｜支船，而｜竖其｜左膝，左臂｜挂念珠｜倚之——珠｜可｜历历数也。

舟尾｜横卧｜一楫。楫｜左右｜舟子｜各一人。居右者｜椎髻｜仰面，左手｜倚｜一衡木，右手｜攀｜右趾，若｜啸呼状。居左者｜右手｜执｜蒲葵扇，左手｜抚｜炉，炉上｜有壶，其人｜视端｜容寂，若听｜茶声然。

其｜船背｜稍夷，则｜题名｜其上，文曰｜“天启壬戌秋日，虞山王毅叔远甫刻”，细若｜蚊足，钩画｜了了，其色｜墨。又｜用｜篆章｜一，文曰｜“初平山人”，其色｜丹。

通计｜一舟，为人｜五；为窗｜八；为｜箬篷，为｜楫，为｜炉，为｜壶，为｜手卷，为｜念珠｜各一；对联、题名并篆文，为字｜共三十有四；而｜计其长，曾不｜盈寸，盖｜简桃核修狭者｜为之。嘻，技｜亦｜灵怪矣哉！

三、娓娓道来

1. 教材“博观约取”中介绍了潮州木雕工艺，请根据教材介绍，判断以下图片中的木雕主要采用了哪种工艺，并引用原文说出工艺特点。

该木雕采用的是（　　　　　　），其工艺特点是（　　　　　　　　　　　　　　）。

该木雕采用的是（　　　　　　），其工艺特点是（　　　　　　　　　　　　　　）。

该木雕采用的是（　　　　　　），其工艺特点是（　　　　　　　　　　　　　　）。

该木雕采用的是（　　　　　　），其工艺特点是（　　　　　　　　　　　　　　）。

该木雕采用的是（　　　　　），其工艺特点是（　　　　　　　　　　）。

2. 恰当地运用说明方法，既能让说明对象更加具体、形象、生动，又能清楚地表达作者的意思，增强文章的说服力。教材“博观约取”中的《潮州木雕技艺》和《潮州开元寺木雕》就采用了多种说明方法，请找出其中的例句，并完成下表（此表可自行扩展）。

说明方法统计表

序号	说明方法	文中例句
1	列数字	
2	分类别	
3	举例子	
4		
5		
6		

3. 请查阅资料，概述潮州木雕的历史、工艺特点以及行业发展的前景，并谈谈潮州木雕工艺家们展现的工匠精神。

四、跃跃欲试

（一）实践目标

广州的老街巷，有省级非遗“西关打铜”；佛山石湾，是远近闻名的陶都；买家具，欢迎来到顺德乐从；喜欢文房四宝的你，一定不能错过肇庆的端砚……同学们，你来自广东的哪个地方？你生活在广东的哪个城市？这个城市的哪种工艺品最让你爱不释手？又有哪些工艺品最值得你向远方的朋友推荐？

（二）实践过程

1. 通过查阅资料、现场参观等方式了解你身边某种工艺的历史、现状和发展前景，总结其工艺特点、分类和特色。

2. 整理编辑相关资料，以讲解词、推文或微视频等方式在班级中分享成果，也可以同步在朋友圈或微视频平台中分享成果。

（三）实践成果

讲解词、推文或微视频。

五、款款临风

请完成以下字帖描红。

核舟记

［明］魏学洢

明有奇巧人曰王叔远，能以径寸之木，为宫室、器皿、人物，以至鸟兽、木石，罔不因势象形，各具情态。尝贻余核舟一，盖大苏泛赤壁云。

舟首尾长约八分有奇，高可二黍许。中轩敞者为舱，箬篷覆之。旁开小窗，左右各四，共八扇。启窗而观，雕栏相望焉。闭之，则右刻“山高月小，水落石出”，左刻“清风徐来，水波不兴”，石青糁之。

船头坐三人，中峨冠而多髯者为东坡，佛印居右，鲁直居左。苏、黄共阅一手卷。东坡右手执卷端，左手抚鲁直背。鲁直左手执卷末，右手指卷，如有所语。东坡现右足，鲁直现左足，各微侧，其两膝相比者，各隐卷底衣褶中。佛印绝类弥勒，袒胸露乳，矫首昂视，神情与苏、黄不属。卧右膝，诎右臂支船，而竖其左膝，左臂挂念珠倚之——珠可历历数也。

舟尾横卧一楫。楫左右舟子各一人。居右者椎髻仰面，左手倚一衡木，右手攀右趾，若啸呼状。居左者右手执蒲葵扇，左手抚炉，炉上有壶，其人视端容寂，若听茶声然。

其船背稍夷，则题名其上，文曰“天启壬戌秋日，虞山王毅叔远甫刻”，细若蚊足，钩画了了，其色墨。又用篆章一，文曰“初平山人”，其色丹。

通计一舟，为人五；为窗八；为箬篷，为楫，为炉，为壶，为手卷，为念珠各一；对联、题名并篆文，为字共三十有四。而计其长，曾不盈寸，盖简桃核修狭者为之。嘻，技亦灵怪矣哉！

（本文略有删节）

第二课　陶塑生机

一、声声入耳

扫二维码，听朗诵录音。参考注释和教材译文，体会诗文中蕴涵的思想感情。

天工开物·陶埏(shān)（节选）

［明］宋应星

水火既济[1]而土合。万室之国，日勤千人而不足，民用亦繁矣哉。上栋下室以避风雨，而瓴(líng)[2]建焉。王公设险以守其国，而城垣(yuán)[3]雉(zhì)堞(dié)[4]，寇来不可上矣。泥瓮(wèng)[5]坚而醴(lǐ)[6]酒欲清，瓦登[7]洁而醯(xī)醢(hǎi)[8]以荐。商周之际，俎(zǔ)豆[9]以木为之，毋[10]亦质重之思耶？后世方土效灵，人工表异，陶成雅器，有素肌玉骨[11]之象焉。掩映几筵(yán)，文明可掬(jū)[12]，岂终固哉？

【注释】

1. 济：发挥（作用）。
2. 瓴：此处指瓦。
3. 城垣：城墙。
4. 雉堞：城墙上远望呈锯齿状的小墙。
5. 瓮：一种盛水、酒等的陶器。
6. 醴：甜酒。
7. 瓦登：瓦做的登。登，古代祭祀时盛肉食的礼器。
8. 醯醢：这里泛指祭祀时所用的调料和食物。醯，醋。醢，肉、鱼所做的酱。
9. 俎豆：俎和豆，古代祭祀、宴会时盛肉等食物的两种器皿。
10. 毋：不。
11. 素肌玉骨：形容瓷器的洁白。
12. 掬：双手捧取。

二、朗朗上口

在了解诗文背景的基础上，借助标记符号朗诵诗文。参照相应的朗诵录音，不断提升自己的诵读水平。初期可以跟随录音诵读。

天工开物·陶埏（节选）

【作者生平】

宋应星（1587—？），字长庚，江西奉新人，明代科学家。先后任江西分宜教谕、福建汀州府推官、南京亳州知州等职务，明亡后归隐乡里。著有《天工开物》，为中国古代科学技术名著。

【写作背景】

明代是我国封建经济发展的繁荣时期。农业方面，随着耕地面积的扩大，对外联系的加强，农作物的品种得到了极大改良及丰富，粮食作物、经济作物的总产量和单位面积产量有了较明显的提高；手工业方面，随着资本主义萌芽的出现，陶瓷、纺织等行业出现了规模化生产，这就为《天工开物》的撰写打下了良好的基础。

《天工开物》以文字及图片的形式，全面、真实、系统地记载了古代农业和手工业的生产技术及经验，对原料的品种、用量、产地，工具构造和生产加工的操作过程等记载得很详细。其中，很多资料都是作者自己亲身到田间和作坊里调查所得。在本篇选文中，作者重点介绍了陶器和瓷器的重要性、用途、色泽，以及其不可替代的美学价值，反映了劳动人民的创造才能。

【朗读指导】

水火｜既济｜而土合。万室｜之国，日勤｜千人｜而不足，民用｜亦繁矣哉。上栋下室｜以避风雨，而瓴建焉。王公设险｜以守其国，而城垣｜雉堞，寇来｜不可上矣。泥瓮坚｜而醴酒欲清，瓦登洁｜而醯醢以荐。商周｜之际，俎豆｜以木｜为之，毋亦｜质重之思耶？后世｜方土｜效灵，人工｜表异，陶成｜雅器，有｜素肌玉骨之象焉。掩映｜几筵，文明｜可掬，岂终固哉？

三、娓娓道来

1. 佛山的石湾以陶瓷著称，其工艺别具地方特色。请结合教材“博观约取”的内容，完成以下表格。

信息汇总表

工序	制作要点	特色

2. 一代代的石湾陶塑匠人们不断精益求精、推陈出新，总结出了独具特色的工艺技法。除了一般雕塑常用的雕、琢、刻、划外，石湾匠人还会使用一些别具特色的技法。请根据教材“博观约取”中《石湾陶塑的工艺技法》一文，完成以下表格。

信息汇总表

工艺技法	技法要点	概述

3. 宋应星年轻时也想通过科举考试来一展抱负，可惜他自中举后再无进益，只做了一些清闲的小官，仕途上并不得志。但宋应星并没有因此而自暴自弃，反而从自己的兴趣出发，发挥所长，以严谨的态度写下了《天工开物》这部作品，在为后人留下宝贵科技知识的同时，也在历史上留下了浓墨重彩的一笔。请结合“谈古论今”中提到的陶塑名家，谈谈你对我国大力发展职业教育的看法。

四、跃跃欲试

（一）实践目标

石湾陶塑技艺在广东省佛山市禅城区石湾镇及其周边地区代代相传，如今，很多毕业于艺术院校的青年也加入了陶塑匠人的行列，为石湾陶塑的推陈出新贡献自己的力量。查阅资料、实地走访，可以了解石湾陶塑的发展历程，了解当代石湾陶塑匠人的工匠精神，增强文化自信。

（二）实践过程

1. 查阅资料，了解石湾陶塑的发展历程和石湾陶塑的代表作品，选择一件代表作品，了解其制作过程及制作工艺。

2. 实地走访，了解石湾陶塑的发展现状，看看新一代石湾陶塑匠人们传承了哪些工艺技巧，又创造出哪些新的工艺技法，制作了哪些别具特色的工艺作品。

3. 将以上收获制作成图片集、PPT 或微视频，在班级或视频平台上介绍石湾陶塑的“前世今生”。

（三）实践成果

图片集、PPT 或微视频。

五、款款临风

请完成以下字帖描红。

天工开物·陶埏（节选）

［明］宋应星

水火既济而土合。万室之国，日勤千人而不足，民用亦繁矣哉。上栋下室以避风雨，而瓴建焉。王公设险以守其国，而城垣雉堞，寇来不可上矣。泥瓮坚而醴酒欲清，瓦登洁而醯醢以荐。商周之际，俎豆以木为之，毋亦质重之思耶？后世方土效灵，人工表异，陶成雅器，有素肌玉骨之象焉。掩映几筵，文明可掬，岂终固哉？

第三课　造纸载文

一、声声入耳

扫二维码，听朗诵录音。参考注释和教材译文，体会诗文中蕴涵的思想感情。

纸　赋

［西晋］傅咸

盖世有质文[1]，则治有损益，故礼随时变，而器与事易。既作契(qì)[2]以代绳[3]兮，又造纸以当[4]策。犹纯[5]俭之从宜[6]，亦惟变而是适。

夫其为物，厥(jué)美可珍。廉方[7]有则[8]，体洁[9]性真[10]。含章[11]蕴藻(yùn zǎo)[12]，实好斯文[13]。取彼之弊(bì)，以为己新[14]。揽(lǎn)之则舒，舍(shě)之则卷[15]，可屈可伸，能幽[16]能显。若乃六亲[17]乖方[18]，离群索居，鳞鸿(lín hóng)[19]附[20]便[21]，援笔[22]飞书，写情于万里[23]，精思[24]于一隅(yú)[25]。

【注释】

1. 质文：质朴与文采。
2. 契：古代在龟甲、兽骨上刻的文字。
3. 绳：即结绳记事。用绳打结，以不同的形状和绳结标记不同事件。
4. 当：充当。
5. 纯：大。
6. 宜：合适。
7. 廉方：方方正正。廉，有棱角。
8. 则：准则，法则。
9. 洁：纯洁，清白。
10. 真：真实，真诚。
11. 章：文章。
12. 藻：辞藻。
13. 文：礼乐制度。
14. 取彼之弊，以为己新：此两句是说造纸的过程，当时造纸多用布絮、树皮、草根等为原料，故云。

15. 揽之则舒，舍之则卷：当时纸书往往不分页，而是长条状。书尾粘有一根圆棍，从尾端向前卷起，形成卷子形式，阅读时展开，故言。

16. 幽：潜隐。

17. 六亲：泛指亲友。

18. 乖方：分离，不在一块儿。

19. 鳞鸿：鱼和雁。书信的代称。

20. 附：附着。

21. 便：便利。

22. 援笔：执笔。

23. 写情于万里：在万里之外表达感情。

24. 精思：深思。

25. 一隅：一方。

后汉书·宦者列传（节选）

［南朝　宋］范晔

蔡伦字敬仲，桂阳人也。以永平末始给事宫掖，建初中，为小黄门。及和帝即位，转中常侍，豫[1]参帷幄[2]。

伦有才学，尽心敦慎，数犯严颜，匡[3]弼[4]得失……后加位尚方令。永元九年，监作秘剑及诸器械，莫不精工坚密，为后世法。

自古书契多编以竹简，其用缣（jiān）[5]帛者谓之为纸。缣贵而简重，并不便于人。伦乃造意，用树肤、麻头及敝布、鱼网以为纸。元兴元年奏上之，帝善其能，自是莫不从用焉，故天下咸称“蔡侯纸”。

【注释】

1. 豫：同“与”，参与。

2. 帷幄：指天子决策之处。

3. 匡：纠正，辅助。

4. 弼：辅佐，辅助。

5. 缣：双丝织的浅黄色细绢。

二、朗朗上口

在了解诗文背景的基础上，借助标记符号朗诵诗文。参照相应的朗诵录音，不断提升自己的诵读水平。初期可以跟随录音诵读。

1 纸 赋

【作者生平】

傅咸（239—294），字长虞，西晋北地泥阳（今陕西铜川市耀州区）人。傅玄之子。武帝时，任尚书右丞。惠帝时，任御史中丞。后为司隶校尉。能诗文，有辑本《傅中丞集》。

【写作背景】

傅咸嫉恶如仇，推贤乐善，颇有诤臣之风。他创作的辞赋也能反映出其性格特征，常包含劝谏、批判的意味。《纸赋》是傅咸创作的一篇赋，在这篇赋中，傅咸把“纸”的特点同贞洁的人格联系起来，把“书”的特点同舒卷自如的处世方式联系起来，阐发立身行事之理。

【朗读指导】

盖｜世有质文，则｜治有损益，故｜礼随时变，而｜器与事易。既｜作契｜以代绳兮，又｜造纸｜以当策。犹｜纯俭之从宜，亦｜惟变而是适。

夫｜其为物，厥美｜可珍。廉方｜有则，体洁｜性真。含章｜蕴藻，实好｜斯文。取彼｜之弊，以为｜己新。揽之｜则舒，舍之｜则卷，可屈｜可伸，能幽｜能显。若乃六亲｜乖方，离群｜索居，鳞鸿｜附便，援笔｜飞书，写情｜于｜万里，精思｜于｜一隅。

2 后汉书 · 宦者列传（节选）

【作者生平】

范晔（398—446），字蔚宗，南朝宋史学家。曾任尚书吏部郎、宣城太守、左卫将军、太子詹事。著《后汉书》《汉书缵》《百官阶次》。

【写作背景】

《后汉书》是范晔编写的纪传体史书，今本一百二十卷，分一百三十篇，记载了东汉的史事。在《后汉书 · 宦者列传》中，范晔详细记载了郑众、蔡伦、孙程等宦臣的生平，讲述了东汉起用宦臣的经过，以及宦臣体制的得失。

【朗读指导】

蔡伦｜字敬仲，桂阳人也。以永平末｜始｜给事｜宫掖，建初｜中，为｜小黄门。及｜

和帝｜即位，转｜中常侍，豫参｜帷幄。

伦｜有才学，尽心｜敦慎，数犯｜严颜，匡弼｜得失……后｜加位｜尚方令。永元｜九年，监作｜秘剑及诸器械，莫不｜精工坚密，为｜后世｜法。

自古｜书契｜多编以｜竹简，其用｜缣帛者｜谓之为纸。缣｜贵而简重，并不｜便于人。伦｜乃｜造意，用｜树肤、麻头及敝布、鱼网｜以为纸。元兴元年｜奏上之，帝｜善｜其能，自是｜莫不从用焉，故｜天下｜咸称“蔡侯纸”。

三、娓娓道来

1. 说起中国古代四大发明，不得不提造纸术。说起造纸，我们自然会想到宣纸。宣纸轻似蝉羽白似雪，抖似细绸不闻声。书法与绘画，离开了宣纸，艺术的妙味便难以充分表达。纸不仅是艺术的承载体，纸张本身，也是艺术品。宣纸早已成为传统文化的一张名片。请结合教材内容，完成以下表格。

信息汇总表

宣纸产生的过程	
宣纸的产生对文化艺术的影响	

2. 宣纸制作工序十分繁杂。要掌握这一套复杂的工序，不仅要靠师徒之间的传承，还要靠制作者自己长期的实践和体悟。请结合教材内容，完成以下表格。

信息汇总表

制作宣纸的主要原料	
制作宣纸的工序（选择主要工序填写）	

3. 宣纸制作工艺在一代代的制作者手中已经传承了相当长的时间。在人们的摸索和实践中，宣纸制作工艺日臻完善。对于珍宝一般的宣纸而言，不少制作工序仍不能被机器取代，这其中承载的文化价值也必将沉淀、流传下来。请观看《跟着书本去旅行》中关于宣纸的两期节目，直观感受宣纸制作人展现的工匠精神。查阅资料，谈谈宣纸的行业发展前景。

四、跃跃欲试

（一）实践目标

宣纸是中华文化的一张名片，是中华文化的重要象征。通过整理宣纸的相关信息，可以进一步认识、了解宣纸在中华文化中的作用，以及其对世界文化艺术产生的深远影响。

（二）实践过程

实地走访博物馆或进入博物馆网站，了解中国宣纸的发展历史及其对中华文化乃至世界文化的贡献，将相关资料整理成图文并茂的中国宣纸宣传小册。

（三）实践成果

中国宣纸宣传小册。

五、款款临风

请完成以下字帖描红。

纸赋

［西晋］傅咸

盖世有质文，则治有损益，故礼随时变，而器与事易。既作契以代绳兮，又造纸以当策。犹纯俭之从宜，亦惟变而是适。

夫其为物，厥美可珍。廉方有则，体洁性真。含章蕴藻，实好斯文。取彼之弊，以为己新。揽之则舒，舍之则卷，可屈可伸，能幽能显。若乃六亲乖方，离群索居，鳞鸿附便，援笔飞书，写情于万里，精思于一隅。

后汉书·宦者列传（节选）

［南朝　宋］范晔

蔡伦字敬仲，桂阳人也。以永平末始给事宫掖，建初中，为小黄门。及和帝即位，转中常侍，豫参帷幄。

伦有才学，尽心敦慎，数犯严颜，匡弼得失……后加位尚方令。永元九年，监作秘剑及诸器械，莫不精工坚密，为后世法。

自古书契多编以竹简，其用缣帛者谓之为纸。缣贵而简重，并不便于人。伦乃造意，用树肤、麻头及敝布、鱼网以为纸。元兴元年奏上之，帝善其能，自是莫不从用焉，故天下咸称“蔡侯纸”。

第四课　印版传芳

一、声声入耳

扫二维码，听朗诵录音。参考注释和教材译文，体会诗文中蕴涵的思想感情。

梦溪笔谈·技艺（节选）

［北宋］沈括

板印书籍[1]，唐人尚未盛为之[2]。自冯瀛（yíng）王[3]始印五经[4]已[5]后，典籍[6]皆为板本[7]。

庆历[8]中，有布衣[9]毕昇又为活板。其[10]法用胶泥刻字，薄如钱唇[11]，每字为一印[12]，火烧令坚[13]。先设一铁板，其上以[14]松脂、蜡和（huò）[15]纸灰之类冒[16]之，欲[17]印则以一铁范[18]置铁板上，乃密布字印，满铁范为一板，持就火炀（yáng）之[19]，药[20]稍镕，即以一平板按其面，则字平如砥（dǐ）[21]。若止[22]印三二本，未为简易[23]；若印数十百千[24]本，则极为神速。常作二铁板，一板印刷，一板已自[25]布字，此印者才毕，则第二板已具[26]，更互[27]用之，瞬息可就。每一字皆有数印，如“之”“也”等字，每字有二十余印，以[28]备一板内有重复者。不用则以纸帖（tiē）之[29]，每韵为一帖，木格贮（zhù）[30]之。有奇（qí）字[31]素无备者，旋[32]刻之，以草火烧，瞬息可成。不以木为之者[33]，文理有疏密，沾水则高下不平，兼（zhān）[34]与药相粘，不可取，不若燔（fán）[35]土，用讫（qì）[36]再火令药镕，以手拂（fú）[37]之，其印自落，殊不[38]沾污。

昇死，其印为予[39]群从[40]所得，至今保藏。

【注释】

1. 板印书籍：用雕版印刷书籍。板印，用雕版印刷。板，同“版”。

2. 盛为之：大规模地做这种事。之，指“板印书籍”。

3. 冯瀛王：即冯道（882—954），字可道，瀛州景城（今河北沧县西北）人，历仕后唐至后周。死后，周世宗追封其为瀛王。我国古代大规模官刻儒家经典的首倡者。

4. 五经：儒学的经典，指《诗》《书》《礼》《易》《春秋》。

5. 已：同“以”。

6. 典籍：泛指各种典册、书籍。
7. 板本：板印的本子。
8. 庆历：宋仁宗年号（1041—1048）。
9. 布衣：平民。这里指没有做官的读书人。古代平民穿麻布衣服，所以称布衣。
10. 其：代词。指做活板。
11. 钱唇：铜钱的边缘。
12. 印：印模、字印。
13. 令坚：使……坚硬。
14. 以：用。
15. 和：混合。
16. 冒：蒙、盖。
17. 欲：想。
18. 范：框子。
19. 持就火炀之：把它拿到火上烤。就，靠近。炀，烤。
20. 药：指松脂、蜡等物。
21. 字平如砥：字印像磨刀石那样平。砥，磨刀石。
22. 止：同“只”，仅仅。
23. 未为简易：不能算是简便。
24. 数十百千：几十乃至百、千。
25. 自：别自，另外。
26. 具：准备好。
27. 更互：交替、轮流。
28. 以：用来。
29. 以纸帖之：用纸条给它做标记。
30. 贮：储存，收藏。
31. 奇字：写法特殊或生僻的字。
32. 旋：旋即。
33. 不以木为之者：不用木头刻活字的原因。
34. 兼：又。
35. 燔：烧。
36. 讫：终了，完毕。
37. 拂：擦拭，掸去。
38. 殊不：一点也不。
39. 予：我。

40. 群从：族中兄弟子侄辈。

二、朗朗上口

在了解诗文背景的基础上，借助标记符号朗诵诗文。参照相应的朗诵录音，不断提升自己的诵读水平。初期可以跟随录音诵读。

梦溪笔谈·技艺（节选）

【作者生平】

沈括（1031—1095），字存中，杭州钱塘（今浙江杭州）人，北宋官员、科学家。

沈括出身于官宦之家，幼年随父游历各地，嘉祐年间进士及第。宋神宗时他参与变法，受王安石器重。晚年移居润州，隐居梦溪园。举平生见闻，著《梦溪笔谈》。沈括在众多学科领域都有很深的造诣和卓越的成就，被誉为“中国整部科学史中最卓越的人物”。

【写作背景】

《梦溪笔谈》是沈括晚年在梦溪园中将他一生所见所闻和研究心得以笔记文学体裁写下的著作。书中内容涉及天文、数学、物理、化学、生物、地质、气象、医药、农学、工程技术、文学、史事、音乐、美术等，其中，有不少内容是对当时科学技术的忠实记录，被誉为“中国科学史上的里程碑”。

此篇选文中，沈括重点介绍了毕昇发明的活字印刷术。毕昇在工作中发现，只需要雕制一副“活字”，则可排印任何书籍，活字也可反复使用。沈括正是在此文中详细描述了毕昇所说的“活字”的制作方法、排版方式，以及重要意义。

【朗读指导】

板印｜书籍，唐人｜尚｜未盛｜为之。自｜冯瀛王｜始印｜五经｜已后，典籍｜皆为｜板本。

庆历中，有｜布衣毕昇｜又｜为｜活板。其法｜用胶泥｜刻字，薄如｜钱唇，每字｜为｜一印，火烧｜令｜坚。先｜设一铁板，其上｜以松脂、蜡和纸灰之类｜冒之，欲印｜则｜以一铁范｜置铁板上，乃｜密布｜字印，满铁范｜为｜一板，持｜就火｜炀之，药｜稍镕，即以｜一平板｜按其面，则｜字｜平如砥。若｜止印｜三二本，未为｜简易；若｜印｜数十百千本，则｜极为｜神速。常作｜二铁板，一板｜印刷，一板｜已｜自布字，此印者｜才毕，则｜第二板｜已具，更互｜用之，瞬息｜可就。每一字｜皆有数印，如｜“之”“也”等字，每字｜有二十余印，以备一板内｜有重复者。不用｜则｜以纸帖之，每韵｜为｜一帖，木格｜贮之。有｜奇字｜素无备者，旋｜刻之，以｜草火烧，瞬息｜可成。不以木｜为之者，文理｜有疏密，沾水｜则｜高下不平，兼｜与药相粘，不可｜取，不若｜

燔土，用讫｜再火｜令药镕，以手｜拂之，其印｜自落，殊不｜沾污。

昇死，其印｜为｜予群从所得，至今｜保藏。

三、娓娓道来

1. 雕版印刷术是将文字、图像反向雕刻于印版，再于印版上刷墨、铺纸、施压，使印版上的图文转印于纸张的工艺技术，它的诞生大大降低了书籍的生产成本，提高了生产效率，加速了知识的传播。请结合教材内容，完成以下表格。

信息汇总表

雕版印刷术出现的时间	
活字印刷术发明人和朝代	

2. 唐朝中后期，雕版印刷技术已推广。五代十国时期开私人刻印书籍的先河。两宋时，雕版印刷达到鼎盛，从民间到官府，从地方到中央，印书数量更大、品种更多，更加注重校勘和刻印质量。请结合教材内容，完成以下表格。

信息汇总表

唐代雕版印刷代表作	
宋代雕版印刷代表作	
宋代雕版印刷刻印质量高的地方	

3. 宋代庆历年间，毕昇首创活字印刷术。1450 年左右，谷登堡用铅合金制成活字版，用油墨印刷，为现代金属活字印刷术奠定了基础。1798 年，逊纳菲尔德发明了石版印刷法。随着科学技术的不断发展，印刷技术有了很大的进步。请查阅资料，填写下表。

信息汇总表

当代印刷术的制版和印刷方法	
当代印刷术的载体（除了纸张以外）	

四、跃跃欲试

（一）实践目标

印刷术是中国古代四大发明之一，后来传到欧洲，对全世界的文明都起到了促进作用。所以，印刷术又被称为“文明之母”。近距离感受印刷术，可以更好地理解印刷术对世界文化艺术产生的深远影响。

（二）实践过程

1. 以小组为单位，购买印刷全套小工具，亲自动手制作微型雕版，亲自拓印。

2. 也可走访博物馆或进入博物馆网站，了解各类印刷工艺及其代表作，回来后在小组内分享印象深刻的印刷工艺及其代表作。

（三）实践成果

1. 微型雕版、拓字。

2. 参观成果分享。

五、款款临风

请完成以下字帖描红。

梦溪笔谈·技艺（节选）

［北宋］沈括

板印书籍，唐人尚未盛为之。自冯瀛王始印五经已后，典籍皆为板本。

庆历中，有布衣毕昇又为活板。其法用胶泥刻字，薄如钱唇，每字为一印，火烧令坚。先设一铁板，其上以松脂、蜡和纸灰之类冒之，欲印则以一铁范置铁板上，乃密布字印，满铁范为一板，持就火炀之，药稍镕，即以一平板按其面，则字平如砥。若止印三二本，未为简易；若印数十百千本，则极为神速。常作二铁板，一板印刷，一板已自布字，此印者才毕，则第二板已具，更互用之，瞬息可就。每一字皆有数印，如“之”“也”等字，每字有二十余印，以备一板内有重复者。不用则以纸帖之，每韵为一帖，木格贮之。有奇字素无备者，旋刻之，以草火烧，瞬息可成。不以木为之者，文理有疏密，沾水则高下不平，兼与药相粘，不可取，不若燔土，用讫再火令药镕，以手拂之，其印自落，殊不沾污。

昇死，其印为予群从所得，至今保藏。

处世之道

第一课　尊老爱幼

一、声声入耳

扫二维码，听朗诵录音。参考注释和教材译文，体会诗文中蕴涵的思想感情。

孟子·梁惠王上（节选）

［战国］孟子

曰："挟[1]太山[2]以超[3]北海[4]，语人曰'我不能'，是诚不能也。为长者折枝[5]，语人曰'我不能'，是不为也，非不能也。故王之不王，非挟太山以超北海之类也；王之不王，是折枝之类也。老[6]吾老[7]，以及人之老[8]；幼[9]吾幼[10]，以及人之幼[11]，天下可运[12]于掌。"

【注释】

1. 挟：夹在腋下或指间。
2. 太山：泰山。
3. 超：跳过。
4. 北海：初为北方远僻地域泛称。春秋战国时或指今渤海。
5. 折枝：折取树枝。
6. 老：敬，养。
7. 吾老：自家的长辈。
8. 人之老：别人的长辈。
9. 幼：对儿童的爱护。
10. 吾幼：自家的孩童。
11. 人之幼：别人的孩童。
12. 运：运转，拨弄。

游子[1]吟[2]

［唐］孟郊

慈母手中线，游子身上衣。

临[3]行密密缝，意恐[4]迟迟归[5]。

谁言寸草[6]心，报得三春[7]晖[8]。

【注释】

1. 游子：出门远游的人。

2. 吟：古代诗歌体裁的一种。

3. 临：将要。

4. 恐：担心。

5. 归：返回，回家。

6. 寸草：小草。这里指子女。

7. 三春：春季的三个月。旧称农历正月为孟春，二月为仲春，三月为季春。

8. 晖：阳光。这里形容母爱如春天和煦的阳光。

岁暮到家[1]

［清］蒋士铨

爱子心无尽，归家喜及辰[2]。

寒衣针线密[3]，家信墨痕新。

见面怜清瘦，呼儿问苦辛。

低回[4]愧人子，不敢叹风尘[5]。

【注释】

1. 岁暮到家：指乾隆十一年年末到家。

2. 及辰：及时，正是时候。这里指过年之前能够返家。

3. 寒衣针线密：此句化用唐代诗人孟郊《游子吟》中的“慈母手中线，游子身上衣。临行密密缝，意恐迟迟归”。

4. 低回：情感或思绪萦回。

5. 风尘：指旅途的劳累。

二、朗朗上口

在了解诗文背景的基础上，借助标记符号朗诵诗文。参照相应的朗诵录音，不断提升自己的诵读水平。初期可以跟随录音诵读。

1　孟子·梁惠王上（节选）

【作者生平】

孟子（约前372—前289），名轲，字子舆，思想家、政治家、教育家，战国时期儒家思想代表人物之一，被后世尊称为“亚圣”。孟子继承并发展了孔子“仁”的思想，提出了“仁政”学说，主张以德服人、民贵君轻。孟子一生，以士的身份游说诸侯，到访齐、梁、宋、滕、鲁等国，试图推行自己的政治主张，但都未能得到重用。后来，他退而与万章、公孙丑等弟子论学著书。著作有《孟子》。

【写作背景】

本篇选文出自《孟子·梁惠王上》，是孟子到齐国时和齐宣王的一次谈话记录，也是孟子宣扬“仁政”和“王道”的重要言论，集中反映了孟子的政治主张。其中，“是不为也，非不能也”以及“老吾老，以及人之老；幼吾幼，以及人之幼”等语句都已成为思想史上的名言。将敬爱自己长辈之心推及到他人长辈身上，将喜爱自己子女之心推及到他人子女身上，这种由情入理的道德养成方式，无论对于个人，还是整个社会，都具有重大而深远的意义，值得反复品味。

【朗读指导】

曰：“挟｜太山｜以超北海，语人｜曰｜‘我不能’，是｜诚不能也。为长者｜折枝，语人｜曰｜‘我不能’，是｜不为也，非｜不能也。故｜王之｜不王，非｜挟太山｜以超北海｜之类也；王之｜不王，是｜折枝｜之类也。老｜吾老，以及｜人之老；幼｜吾幼，以及｜人之幼，天下｜可｜运于掌。”

2　游子吟

【作者生平】

孟郊（751—814），字东野，湖州武康（今浙江德清）人，唐代诗人。早年生活贫困，屡试不第，游历各地，饱尝人间冷暖，近五十岁才考中进士。他的诗用字造句力避平庸浅率，追求瘦硬且多寒苦之音，因而与贾岛齐名，人称“郊寒岛瘦”。孟郊一开始不为世人所知，结识韩愈之后，名声渐广。著有《孟东野诗集》。

【写作背景】

孟郊家境贫寒，父亲去世较早。他常年漂泊在外，深知母亲的爱子之心。他考中进士得到官职以后，便将母亲接来同住，写下了这首《游子吟》。诗人通过描述临行前母亲为其缝衣的场景，歌颂了母爱的伟大与无私，道出了儿女对母亲的感激之情，情真意切、感人至深。

【朗读指导】

慈母｜手中｜线，
游子｜身上｜衣。
临行｜密密｜缝，
意恐｜迟迟｜归。
谁言｜寸草｜心，
报得｜三春｜晖。

3 岁暮到家

【作者生平】

蒋士铨（1725—1785），字苕生，号藏园，清代戏曲家、文学家。清乾隆二十二年进士，曾任翰林院编修。蒋士铨善作诗、杂剧等，著有《忠雅堂诗集》《忠雅堂文集》《南北杂曲》等。

【写作背景】

乾隆十一年，蒋士铨出游庐陵、抚州、建昌等地，于岁暮方赶回家中与母亲团聚。《岁暮到家》选取了诗人返家时母子见面的一幕落笔，道出了母子间的深情。诗人通过描写母亲缝衣、读信，以及见面时亲切问候等细节，自然引出对母亲的感激和愧疚之情。全诗真切实在，将母爱表达得十分具体。

【朗读指导】

爱子｜心无尽，
归家｜喜及辰。
寒衣｜针线密，
家信｜墨痕新。
见面｜怜清瘦，
呼儿｜问苦辛。
低回｜愧人子，
不敢｜叹风尘。

三、娓娓道来

1. 收集古今中外尊老爱幼的典故、事例，在小组内交流，评出最佳故事讲解员。

2. 尊老的表现是凡事听长辈的意见，爱幼的表现是满足晚辈提的要求。你认同这一观点吗？请结合生活实际，分享你对尊老爱幼具体表现的看法。

3.《游子吟》是一首动人心弦的母爱颂歌，这首诗有没有让你想起自己的母亲？请你分享母亲为自己做的一件事，并写一段发自肺腑的话发给她。

四、跃跃欲试

（一）实践目标

尊老爱幼是中华民族的传统美德，也是现代中国人的基本修养，有助于促进家庭和睦、社会和谐。通过参与课堂活动，我们可以认识到尊老爱幼的必要性，能结合专业将弘扬尊老爱幼的传统美德落到实处，进而提高与人和谐相处的能力，增强社会责任感。

（二）实践过程

1. 以小组为单位，收集身边尊老爱幼的正面和反面案例，论证尊老爱幼对保持社会稳定的重要性。每组选出一名代表上台演讲。全班同学参与投票，评选出“最佳演说家”。

2. 结合个人专业，发挥奇思妙想，为老年人群体或者婴幼儿群体设计一款实用产品，举办微型产品发布会，对产品理念及具体设计思路进行说明。

（三）实践成果

1. 评选“最佳演说家”。

2. 产品发布会。

五、款款临风

请完成以下字帖描红。

孟子·梁惠王上（节选）

［战国］孟子

曰：“挟太山以超北海，语人曰‘我不能’，是诚不能也。为长者折枝，语人曰‘我不能’，是不为也，非不能也。故王之不王，非挟太山以超北海之类也；王之不王，是折枝之类也。老吾老，以及人之老；幼吾幼，以及人之幼，天下可运于掌。”

游子吟

［唐］孟郊

慈母手中线，游子身上衣。
临行密密缝，意恐迟迟归。
谁言寸草心，报得三春晖。

岁暮到家

［清］蒋士铨

爱子心无尽，归家喜及辰。
寒衣针线密，家信墨痕新。
见面怜清瘦，呼儿问苦辛。
低回愧人子，不敢叹风尘。

第二课　与人为善

一、声声入耳

扫二维码，听朗诵录音。参考注释和教材译文，体会诗文中蕴涵的思想感情。

老子·四十九章（节选）

［春秋］老子

圣人[1]无常心，以百姓心为心。善者吾善之，不善者吾亦善之，德[2]善；信[3]者吾信之，不信者吾亦信之，德信。

【注释】

1. 圣人：指道德高尚、智慧卓绝的人。
2. 德：同“得”。下同。
3. 信：诚信，不欺。

孟子·公孙丑上（节选）

［战国］孟子

孟子曰：“子路，人告之以有过，则喜。禹[1]闻善言，则拜[2]。大舜[3]有大焉：善与人同[4]，舍己从人，乐取于人以为善；自耕稼、陶、渔，以至为帝，无非取于人者。取诸人以为善，是与人为善者也，故君子莫大乎与人为善。”

【注释】

1. 禹：亦称“大禹”，原为夏后氏部落领袖，舜时为司空，奉舜命治理洪水。在治水十三年中，三过家门不入。因治水有功，被舜选为继承人，后建立夏朝。
2. 拜：古代一种表示敬意的礼节。
3. 大舜：虞舜。传说中父系氏族社会后期部落联盟领袖。
4. 善与人同：即“与人同善”，亦即下文“与人为善”的意思。

孟子·离娄下（节选）

［战国］孟子

君子所以异[1]于人者，以其存心[2]也。君子以仁存心，以礼存心。仁者爱人，有礼者敬人。爱人者，人恒[3]爱之；敬人者，人恒敬之。

【注释】

1. 异：区别，不同。
2. 存心：居心，指内心怀有的意念。
3. 恒：经常。

曾国藩日记（节选）

［清］曾国藩

思古圣人之道莫大乎与人为善。以言诲[1]人，是以善教人也；以德熏[2]人，是以善养[3]人也，皆与人为善之事也。然徒[4]与[5]人则我之善有限，故又贵取诸人以为善。人有善，则取以益我；我有善，则与以益人。

【注释】

1. 诲：教导，训诲。
2. 熏：感染。
3. 养：培养。
4. 徒：只，但。
5. 与：给予。

二、朗朗上口

在了解诗文背景的基础上，借助标记符号朗诵诗文。参照相应的朗诵录音，不断提升自己的诵读水平。初期可以跟随录音诵读。

1　老子·四十九章（节选）

【作者生平】

老子，春秋时期思想家，道家创始人。他做过周朝管理藏书的史官，孔子曾向他问礼，后退隐，著《老子》。

【写作背景】

《老子》亦称《道德经》《老子五千文》，是道家的主要经典。老子用“道”来解释宇宙万物的演变规律，提出“道生一,一生二,二生三,三生万物”的观点。他认为“道”不可道，不可名，不可“视”“听”“搏”，主张“绝圣弃智”，通过虚静冥想直觉万物。他抨击当时的统治者：“民之饥，以其上食税之多。”“民不畏死，奈何以死惧之?”在物质生活上，他强调“知足”与“寡欲”。在美学方面，他提出“大音希声”“大象无形”等观点。

本文选自《老子》，表达了老子的政治思想。老子劝谏统治者以百姓的心意为自己的心意，无差别地对待世人，引导所有人归心向善。

【朗读指导】

圣人｜无｜常心，以｜百姓心｜为心。善者｜吾｜善之，不善者｜吾｜亦善之，德善；信者｜吾｜信之，不信者｜吾｜亦信之，德信。

2　孟子·公孙丑上（节选）

【作者生平】

略。

【写作背景】

本文选自《孟子·公孙丑上》，讨论人的修养。孟子提出了修养的三重境界，既从闻过则喜，到闻善则拜，再到舍己从人，达到与别人一起做善事的至善境界。

【朗读指导】

孟子｜曰：“子路，人｜告之｜以｜有过，则喜。禹｜闻善言，则拜。大舜｜有大焉：善｜与人同，舍己｜从人，乐｜取于人｜以为善；自｜耕稼、陶、渔，以至｜为帝，无非｜取于人者。取｜诸人｜以为善，是｜与人为善者也，故｜君子｜莫大乎｜与人为善。”

3　孟子·离娄下（节选）

【作者生平】

略。

【写作背景】

本文选自《孟子·离娄下》，阐述了君子和一般人的区别。孟子认为，仁是对人内在道德修养的要求，礼是对人外在行为规范的要求，所以孟子强调君子要“以仁存心，以礼存心”，把“仁”和“礼”视为做人处事的基石。

【朗读指导】

君子｜所以｜异于人者，以其｜存心也。君子｜以仁｜存心，以礼｜存心。仁者｜爱人，有礼者｜敬人。爱人者，人｜恒｜爱之；敬人者，人｜恒｜敬之。

4　曾国藩日记（节选）

【作者生平】

曾国藩（1811—1872），字伯涵，号涤生，谥号“文正”，湖南湘乡白杨坪（今属双峰）人。清代军事理论家、理学家、政治家、文学家。曾国藩是晚清重臣，湘军的创立者和统帅者，曾任两江总督、直隶总督，获封一等毅勇侯。著有《曾文正公全集》。

【写作背景】

《曾国藩日记》起自清道光二十一年，止于同治十一年曾国藩逝世前一天，时间跨度长达三十余年，是曾国藩每日工作、学习和生活的详细记录，涉及修身、养性、读书、治学、治家、为官之道、处事之方等诸多方面，展现了曾国藩从壮年到老年的成长轨迹和心路历程。

本文选自《曾国藩日记》。曾国藩认为，圣人最重要的德行就是与人为善。要取人之善，也要与人以善，形成互利共赢的良性循环，共同开创美好的局面。

【朗读指导】

思｜古｜圣人之道｜莫大乎｜与人为善。以言｜诲人，是｜以善教人也；以德｜熏人，是｜以善养人也，皆｜与人为善｜之事也。然｜徒与人｜则｜我之善｜有限，故｜又贵取诸人｜以为善。人｜有善，则｜取以｜益我；我｜有善，则｜与以｜益人。

三、娓娓道来

1. 收集古代典籍中关于“与人为善”的论述，将相关论述分类整理，绘成思维导图，在班级内分享。

2. 孔子说：“以直报怨，以德报德。”结合本课“与人为善”的主题，查阅相关资料，谈谈你对孔子这句话的理解。

3. “与人为善”就是“与己为善”，你在生活中有过相关经历吗？请分享。

四、跃跃欲试

（一）实践目标

随着互联网的迅猛发展，广大网络用户有了更多的表达渠道。然而，网友们在享受互联网便利的同时，有时也会受到网络暴力的伤害。“网暴”伤人、害人甚至“杀人”于无形，严重污染了网络生态，让网络参与者深受其害，与中华民族与人为善的传统美德相背离。我们要对网络暴力说“不”，践行与人为善的处世原则，营造和谐的人际关系，为共筑风清气正的网络生态贡献力量。

（二）实践过程

1. 以小组为单位，收集与网络暴力相关的案例并上台讲述。

2. 以小组为单位，查阅与网络暴力相关的法律、法规及政策，完成条文汇编并上台介绍。

3. 以小组为单位，从“与人为善”的角度撰写反对网络暴力的倡议书并张贴展示。

（三）实践成果

1. 与网络暴力相关的案例。

2. 与网络暴力相关的法律、法规及政策汇编。

3. 反对网络暴力的倡议书。

五、款款临风

请完成以下字帖描红。

老子·四十九章（节选）

［春秋］老子

圣人无常心，以百姓心为心。善者吾善之，不善者吾亦善之，德善；信者吾信之，不信者吾亦信之，德信。

孟子·公孙丑上（节选）

［战国］孟子

孟子曰："子路，人告之以有过，则喜。禹闻善言，则拜。大舜有大焉：善与人同，舍己从人，乐取于人以为善；自耕稼、陶、渔，以至为帝，无非取于人者。取诸人以为善，是与人为善者也，故君子莫大乎与人为善。"

孟子·离娄下（节选）

［战国］孟子

君子所以异于人者，以其存心也。君子以仁存心，以礼存心。仁者爱人，有礼者敬人。爱人者，人恒爱之；敬人者，人恒敬之。

曾国藩日记（节选）

［清］曾国藩

思古圣人之道莫大乎与人为善。以言诲人，是以善教人也；以德熏人，是以善养人也，皆与人为善之事也。然徒与人则我之善有限，故又贵取诸人以为善。人有善，则取以益我；我有善，则与以益人。

第三课　近贤远小

一、声声入耳

扫二维码，听朗诵录音。参考注释和教材译文，体会诗文中蕴涵的思想感情。

论语·季氏（节选）

［春秋］孔子

益[1]者三友，损[2]者三友，友直[3]，友谅[4]，友多闻，益矣；友便辟（pián pì）[5]，友善柔[6]，友便（pián）佞（nìng）[7]，损矣。

【注释】

1. 益：利益，好处。引申为有益。
2. 损：伤，害。
3. 直：正直。
4. 谅：诚信。
5. 便辟：逢迎谄媚。
6. 善柔：阿谀奉承。
7. 便佞：花言巧语、阿谀逢迎。

治安策（节选）

［汉］贾谊

故太子乃生而见正事，闻正言，行正道，左右前后皆正人也。夫习[1]与正人居之，不能毋[2]正，犹生长于齐不能不齐言也；习与不正人居之，不能毋不正，犹生长于楚之地不能不楚言也。

【注释】

1. 习：习惯。
2. 毋：不。

顺宗实录（节选）

［唐］韩愈

尔其尊师重傅，亲贤远佞[1]，非礼勿践[2]，非义勿行，对越[3]天地之耿[4]光，丕承祖宗之休烈[5]，可不慎[6]欤[7]！

【注释】

1. 亲贤远佞：亲近重用贤德的人，疏远阿谀奉承的人。贤，有才能而品德好的人。佞，巧言谄媚的人。

2. 践：履行，实行。

3. 越：弘扬。

4. 耿：光明。

5. 休烈：盛美的事业。

6. 慎：谨慎。

7. 欤：语气词。

朋党[1]论（节选）

［宋］欧阳修

所守者道义，所行者忠信，所惜者名节[2]。以之修身，则同道而相益；以之事国，则同心而共济[3]，始终如一，故曰：惟君子则有朋……但当退小人之伪朋，用君子之真朋，则天下治矣。

【注释】

1. 朋党：一般指同类的人为私利结成的集团。这里指排斥异己的一群人。

2. 名节：名誉和节操。

3. 共济：互相帮助。共同成事。

二、朗朗上口

在了解诗文背景的基础上，借助标记符号朗诵诗文。参照相应的朗诵录音，不断提升自己的诵读水平。初期可以跟随录音诵读。

1　论语 · 季氏（节选）

【作者生平】

孔子（前551—前479），名丘，字仲尼，春秋末期思想家、政治家、教育家，儒家学派的创始人。孔子的思想以“仁”为核心，他认为“仁”即“爱人”，提出“己所不欲，勿施于人”“己欲立而立人，己欲达而达人”等基本原则。同时，他认为孝悌是仁之本，“仁”的执行要以“礼”为规范，提出“克己复礼为仁”。其主要思想言论载于《论语》一书。

【写作背景】

《论语》是孔子弟子及其再传弟子关于孔子言行的记录，共二十篇，内容涉及政治、经济、伦理、教育、哲学、历史、文学、艺术、道德修养等各方面，有很高的历史价值和学术价值，是研究孔子思想的最直接的材料。

本文节选自《论语》。在本文中，孔子将朋友分为益友和损友两类，他对两类朋友的特点分别做了列举，便于人们分辨什么是益友，什么是损友。

【朗读指导】

益者｜三友，损者｜三友，友｜直，友｜谅，友｜多闻，益｜矣；友｜便辟，友｜善柔，友｜便佞，损｜矣。

2　治安策（节选）

【作者生平】

贾谊（前200—前168），西汉初著名政论家、文学家。贾谊少有才学，被汉文帝召为博士，不久迁太中大夫，被周勃等人排挤，贬为长沙王太傅。后又为梁怀王太傅。因怀王坠马而死，贾谊自伤失职，抑郁而亡。贾谊曾多次上疏，批评时政，所著政论有《陈政事疏》《过秦论》等。

【写作背景】

本文选自《陈政事疏》。《陈政事疏》脉络清晰地展现了贾谊的政治思想，全文直指汉王朝存在的一些问题，有针对地提出了诸如削藩、定经制等建议。全文条理缜密，说理透彻，极富感染力。

在本文中，贾谊强调环境和教育对人的影响，主张为太子选好老师，不要接近坏人，与经典名句“近朱者赤，近墨者黑”有异曲同工之妙。

【朗读指导】

故｜太子｜乃｜生而见｜正事，闻｜正言，行｜正道，左右前后｜皆正人也。夫｜习｜

与正人｜居之，不能｜毋正，犹｜生长于齐｜不能不｜齐言也；习｜与不正人｜居之，不能｜毋不正，犹｜生长于楚之地｜不能不｜楚言也。

3　顺宗实录（节选）

【作者生平】

韩愈（768—824），字退之，唐代文学家、哲学家。韩愈父母去世早，他由兄嫂养大。他刻苦好学，贞元年间考中进士。初任监察御史，后因上疏时政之弊几次被贬官。官至吏部侍郎。卒谥文，世称韩文公。韩愈反对骈俪文风，提倡散体，主张“文以载道”，与柳宗元同为唐代古文运动的倡导者。其文气势雄健，被列为唐宋八大家之首。著有《昌黎先生集》。

【写作背景】

实录，是中国历代所修每个皇帝统治时期的编年大事记。本文节选自《顺宗实录》，为唐代韩愈所撰，记载了贞元二十一年正月顺宗即位，至同年八月顺宗退位之间的史实。

本文教导我们要尊师重道，结交有才德的朋友，远离奸佞小人。

【朗读指导】

尔其｜尊师｜重傅，亲贤｜远佞，非礼｜勿践，非义｜勿行，对越｜天地之耿光，丕承｜祖宗之休烈，可｜不慎欤！

4　朋党论（节选）

【作者生平】

欧阳修（1007—1072），字永叔，号醉翁，又号六一居士，北宋文学家、史学家。他于宋仁宗天圣年间进士及第，官至翰林学士、枢密副使、参知政事。欧阳修正直敢言，他曾支持范仲淹领导的改革。到了王安石变法时，他对王安石提出的青苗法有所批评。他是北宋古文运动的领袖，主张明道致用，力戒浮华靡丽，为“唐宋八大家”之一。撰写《新五代史》，并与宋祁合修《新唐书》。所著《六一诗话》开创“诗论”新体裁。著有《欧阳文忠公文集》。

【写作背景】

本文作于宋仁宗庆历三年。范仲淹、富弼、韩琦等上台执政，提出许多改革主张，推行改革，史称“庆历新政”。保守派人士不甘失败，攻击范仲淹等人为朋党，其中亦牵涉欧阳修。欧阳修于是作此文以自明，给予保守派以回击。朋党，指为争权夺利、排斥异己而结合起来的利益集团，历来带有贬义，也深为统治者所忌讳。而欧阳修在本文中对“朋党”

一词重新阐释，指出朋党有正邪之分，君子以“同道为朋”，小人以“同利为朋”，提出小人不可能结成真正的朋党的论点，肯定了君子之朋的正面作用。接着，他以历史事例加以论证，指出任用君子之朋有益于国家治理。文章光明磊落，正气凛然，是政论文中的名篇。

【朗读指导】

所守者｜道义，所行者｜忠信，所惜者｜名节。以之｜修身，则｜同道而相益；以之｜事国，则｜同心而共济，始终如一，故曰：惟｜君子｜则有朋……但｜当退｜小人之伪朋，用｜君子之真朋，则｜天下治矣。

三、娓娓道来

1. 近朱者赤，近墨者黑。青少年阶段是世界观、人生观、价值观形成的关键时期，要远离宵小之徒，与贤明有德、志同道合的人交往。请结合你的生活经验，举例说明贤明有德的人有什么具体表现。

2. 教材“博观约取”里介绍了傅玄和管宁的故事。在古代，像他们这样贤明有德的人还有很多，他们是我们学习的榜样。请自行查阅资料，完成下列表格。

信息汇总表

人物	事迹简述	对你的影响

3. 请联系生活实际，分享“我的交友故事”。比如，可以分享一下某次来自朋友的善意劝说或告诫。

四、跃跃欲试

（一）实践目标

当今社会，网络成为青少年交友择友的重要平台。有些青少年因沉迷于网络社交而逐渐与现实生活脱节。组织课堂辩论赛，有利于正确看待网络社交，净化自身朋友圈，把握好网络社交尺度，避免交友不慎带来的麻烦。

（二）实践过程

1. 全班同学分为正方和反方两组。正方观点：网络社交利大于弊。反方观点：网络社交弊大于利。

2. 小组进行内部分工，查阅资料，做好辩论准备。

3. 组织辩论。

4. 教师总结、深化主题。

（三）实践成果

1. 辩论稿。

2. 辩论赛。

五、款款临风

请完成以下字帖描红。

论语·季氏（节选）

［春秋］孔子

益者三友，损者三友，友直，友谅，友多闻，益矣；友便辟，友善柔，友便佞，损矣。

治安策（节选）

［汉］贾谊

故太子乃生而见正事，闻正言，行正道，左右前后皆正人也。夫习与正人居之，不能毋正，犹生长于齐不能不齐言也；习与不正人居之，不能毋不正，犹生长于楚之地不能不楚言也。

顺宗实录（节选）

［唐］韩愈

尔其尊师重傅，亲贤远佞，非礼勿践，非义勿行，对越天地之耿光，丕承祖宗之休烈，可不慎欤！

朋党论（节选）

［宋］欧阳修

所守者道义，所行者忠信，所惜者名节。以之修身，则同道而相益；以之事国，则同心而共济，始终如一，故曰：惟君子则有朋……但当退小人之伪朋，用君子之真朋，则天下治矣。

哲人之思

第一课　民惟邦本

一、声声入耳

扫二维码，听朗诵录音。参考注释和教材译文，体会诗文中蕴涵的思想感情。

尚书·夏书（节选）

太康[1]尸位[2]，以逸豫[3]灭厥[4]德，黎民咸贰[5]。乃盘游无度，畋（tián）[6]于有洛[7]之表，十旬[8]弗反。有穷后羿[9]因民弗忍，距于河。厥弟五人御[10]其母以从，徯（xī）[11]于洛之汭（ruì）[12]。五子咸怨，述大禹之戒以作歌。

其一曰："皇祖有训：民可近，不可下。民惟邦本，本固邦宁。予视天下，愚夫愚妇一[13]能胜予。一人三失，怨岂在明？不见是图。予临兆民，懔（lǐn）[14]乎若朽索之驭六马。为人上者，奈何不敬？"

【注释】

1. 太康：夏王启的儿子，大禹的孙子。
2. 尸位：在其位不谋其政，空占着职位而无所事事。
3. 逸豫：安乐享受。
4. 厥：他的。
5. 咸贰：都怀有二心。咸，都。贰，怀有二心。
6. 畋：打猎。
7. 有洛：洛水。
8. 旬：一旬为十日。
9. 有穷后羿：有穷氏部落首领后羿。
10. 御：侍奉。
11. 徯：等待。
12. 汭：河的弯曲处。
13. 一：都。
14. 懔：恐惧，戒惧。

晏子春秋·内篇问下（节选）

［春秋］晏婴

叔向问晏子曰："世乱不遵道，上辟[1]不用义[2]。正行[3]则民遗[4]，曲行则道废。正行而遗民乎？与[5]持民[6]而遗道乎？此二者之于行何如？"晏子对曰："婴闻之，卑而不失尊[7]、曲而不失正[8]者，以民为本也。苟[9]持民矣，安有遗道？苟遗民矣，安有正行焉？"

【注释】

1. 辟：刑罚，惩办。
2. 义：社会公认的道德准则。
3. 正行：正直的行为。
4. 民遗：失掉人民。
5. 与：选择连词，还是。
6. 持民：护持黎民百姓。
7. 卑而不失尊：地位低下而不失掉尊严。
8. 曲而不失正：境遇不好而不失掉正直。
9. 苟：如果。

孟子·尽心下（节选）

［战国］孟子

孟子曰："民为贵，社稷[1]次之，君为轻。是故得乎丘民[2]而为天子，得乎天子为诸侯，得乎诸侯为大夫。诸侯危社稷，则变置[3]。牺牲[4]既成，粢盛(zī chéng)[5]既洁，祭祀以时，然而旱干水溢，则变置社稷。

【注释】

1. 社稷：社，土神。稷，谷神。这里指国家。
2. 丘民：众民。
3. 变置：更换重立（诸侯）。
4. 牺牲：祭祀用的牲畜。
5. 粢盛：盛在祭器中供祭祀用的谷物。

二、朗朗上口

在了解诗文背景的基础上，借助标记符号朗诵诗文。参照相应的朗诵录音，不断提升自己的诵读水平。初期可以跟随录音诵读。

1　尚书·夏书（节选）

【作者生平】

《尚书》是夏、商、周至秦穆公的历史资料，部分关于尧、舜的历史资料，以及部分追述古代事迹的著作的汇编，是儒家重要的经典。注本有唐代孔颖达的《尚书正义》、清代孙星衍的《尚书今古文注疏》等。

【写作背景】

本文讲述了夏启的儿子太康的故事。太康继承了王位，但他贪图享乐，导致百姓怨声载道。有穷国的君主羿在河北截住了太康，太康的五个弟弟和母亲也被赶到了洛水边，兄弟五人作《五子之歌》来追念祖父大禹留下的告诫，以此表达无限的悔恨和亡国之叹。

【朗读指导】

太康｜尸位，以｜逸豫｜灭｜厥德，黎民｜咸｜贰。乃｜盘游无度，畋于｜有洛之表，十旬｜弗反。有穷后羿｜因｜民弗忍，距于河。厥弟五人｜御其母｜以从，徯于｜洛之汭。五子｜咸怨，述大禹之戒｜以作歌。

其一曰：“皇祖｜有训：民｜可近，不可｜下。民惟｜邦本，本固｜邦宁。予视｜天下，愚夫愚妇｜一能胜予。一人｜三失，怨｜岂在明？不见｜是图。予临｜兆民，懔乎｜若｜朽索之驭六马。为人｜上者，奈何｜不敬？”

2　晏子春秋·内篇问下（节选）

【作者生平】

晏婴（？—前500），亦称“晏子”，字平仲，夷维（今山东高密）人，春秋时齐国大夫。晏婴主张诛不避贵，赏不遗贱，重视生产，提倡植桑养蚕，反对厚赋重刑。他是一位以爱国忧民、机智善辩而著称的杰出政治家、思想家、外交家。传世《晏子春秋》由后人依据晏子言行编撰而成。

【写作背景】

《晏子春秋》是记载春秋时期齐国的政治家晏婴言行的一部历史典籍，分内、外篇，共八卷。全书通过一个个故事，反映了晏婴的政治主张和思想品格。晏婴常劝告君主要以民为本、爱护百姓、任用贤能、虚心纳谏，不要安于享乐等，本文正是晏婴民本思想的反映。在文中，叔向向晏婴请教在乱世中行为“正”与“曲”的标准，晏婴表示，行为的“正”与“曲”，以是否以民为本为标准。以民为本，则无所谓“曲”；弃民，则无所谓“正”。

【朗读指导】

叔向｜问晏子｜曰：“世乱｜不遵道，上辟｜不用义。正行｜则民遗，曲行｜则道废。正行｜而遗民乎？与持民｜而遗道乎？此二者｜之于行｜何如？”晏子｜对曰：“婴｜闻之，卑｜而不失尊、曲｜而不失正者，以民｜为本也。苟｜持民矣，安有｜遗道？苟｜遗民矣，安有｜正行焉？”

3　孟子·尽心下（节选）

【作者生平】

略。

【写作背景】

作为儒家学派的代表人物之一，孟子通过总结统治者覆亡的经验教训，深刻认识到人民的重要地位，提出了“民为贵”的思想。在此篇选文中，孟子表达了最为朴素的民本思想。孟子认为民意就是天意，没有民众就没有社稷，没有社稷就没有国君。对国家来说，其他的都可以“改立”，只有百姓不能，由此可见百姓之重。

【朗读指导】

孟子曰：“民｜为贵，社稷｜次之，君｜为轻。是故｜得乎｜丘民｜而为天子，得乎｜天子｜为诸侯，得乎｜诸侯｜为大夫。诸侯｜危社稷，则｜变置。牺牲｜既成，粢盛｜既洁，祭祀｜以时，然而｜旱干水溢，则｜变置｜社稷。

三、娓娓道来

1.“民惟邦本”的民本思想，是中国古代思想家基于对社会、政治规律的深刻理解提出的。随着夏、商和西周的灭亡兴替，中国古代思想家越来越清楚、深刻地认识到：虽然君主处于调配社会资源的位置，但人民对他们的存亡也有关键的制约作用。这些思想家认为，民众是国家的根本和基础，只有民众安居乐业，国家才会安定富足。请参考教材“博观约取”中的《于成龙开仓赈灾》，查阅相关资料，以“于成龙开仓赈灾”为题，图文并茂，向同学们介绍于成龙其人及他造福百姓的举措。

2. 与最广大的人民群众保持最密切的联系，一切依靠人民、一切为了人民，全心全意为人民服务，是中国共产党人的不变初心。毛泽东同志在革命和建设时期，对人民曾有四种不同的比喻，即把人民比作“上帝”“眼睛”“土地”和“水”。请结合教材，查阅相关资料，向同学们分享毛泽东同志如此比喻的具体原因。

3. 江山就是人民，人民就是江山。“民为邦本，本固邦宁”思想在新时代的体现就是坚持人民至上，坚持以人民为中心。从“些小吾曹州县吏，一枝一叶总关情”，到“政之所兴在顺民心，政之所废在逆民心”，再到“利民之事，丝发必兴；厉民之事，毫末必去”……党中央总是要求广大党员干部要爱民、为民、惠民，将群众需求放在心上、抓在手上，以人民群众对美好生活的向往为奋斗目标，把不断提升人民群众的获得感、幸福感、安全感作为检验一切工作的标准。请同学们观看“全国脱贫攻坚总结表彰大会”的视频，讲一讲最令你感动的人物和故事。

四、跃跃欲试

（一）实践目标

“民惟邦本”是古人智慧的结晶。党和政府关注民生，关注人民群众的生活条件。人民最基本的生活条件是什么？就是衣食住行，就是柴米油盐。站在群众的立场来观察和思考问题，就要以人民群众为根本，关注民生保障和民生改善。通过查找、整理政府网站发布的信息，可以进一步认识、了解“民惟邦本”的思想，更好地理解国家的方针、政策，树立努力学习、服务社会的观念。

（二）实践过程

1. 查阅资料，说说孟子“得乎丘民”思想的历史价值和局限性，以“得乎丘民之我见”为主题，绘制思维导图。

2. 选择广东三项工程，即广东技工、南粤家政、粤菜师傅工程，了解三项工程的起因、进展和成果，制作以“一枝一叶总关情”为主题的 PPT，介绍三项工程中的一项。PPT 要图文并茂、结构清晰、内容丰富。

3. 举办“一枝一叶总关情”分享会，与班级同学分享调查收获。

（三）实践成果

1. “得乎丘民之我见”思维导图。

2. 以“一枝一叶总关情”为主题的 PPT。

3. 调查收获分享。

五、款款临风

请完成以下字帖描红。

尚书·夏书（节选）

太康尸位，以逸豫灭厥德，黎民咸贰。乃盘游无度，畋于有洛之表，十旬弗反。有穷后羿因民弗忍，距于河。厥弟五人御其母以从，徯于洛之汭。五子咸怨，述大禹之戒以作歌。

其一曰："皇祖有训：民可近，不可下。民惟邦本，本固邦宁。予视天下，愚夫愚妇一能胜予。一人三失，怨岂在明？不见是图。予临兆民，懔乎若朽索之驭六马。为人上者，奈何不敬？"

晏子春秋·内篇问下（节选）

［春秋］晏婴

叔向问晏子曰："世乱不遵道，上辟不用义。正行则民遗，曲行则道废。正行而遗民乎？与持民而遗道乎？此二者之于行何如？"晏子对曰："婴闻之，卑而不失尊、曲而不失正者，以民为本也。苟持民矣，安有遗道？苟遗民矣，安有正行焉？"

孟子·尽心下（节选）

［战国］孟子

孟子曰："民为贵，社稷次之，君为轻。是故得乎丘民而为天子，得乎天子为诸侯，得乎诸侯为大夫。诸侯危社稷，则变置。牺牲既成，粢盛既洁，祭祀以时，然而旱干水溢，则变置社稷。

第二课　民胞物与

一、声声入耳

扫二维码，听朗诵录音。参考注释和教材译文，体会诗文中蕴涵的思想感情。

茅屋为秋风所破歌

［唐］杜甫

八月秋高风怒号(háo)[1]，卷我屋上三重(chóng)茅[2]。茅飞渡江洒江郊，高者挂罥(juàn)[3]长(cháng)林梢，下者飘转沉塘坳(ào)[4]。南村群童欺我老无力，忍能对面为盗贼[5]，公然抱茅入竹去[6]。唇焦口燥呼不得[7]，归来倚杖自叹息。俄顷(qǐng)[8]风定云墨色，秋天漠漠向昏黑[9]。布衾(qīn)[10]多年冷似铁，娇儿恶卧[11]踏里裂。床头屋漏[12]无干处，雨脚如麻[13]未断绝。自经丧乱[14]少睡眠，长夜沾湿何由彻[15]？安得[16]广厦千万间，大庇(bì)[17]天下寒士俱欢颜，风雨不动安如山。呜呼[18]！何时眼前突兀(wù)[19]见(xiàn)此屋，吾庐[20]独破受冻死亦足[21]！

【注释】

1. 怒号：大声叫唤（多用来形容大风）。
2. 三重茅：几层茅草。三，泛指多。
3. 罥：挂。
4. 塘坳：低洼积水的地方。坳，洼下的地方。
5. 忍能对面为盗贼：竟忍心这样当面做“贼”。对面，当面。为，做。
6. 入竹去：进入竹林。
7. 呼不得：喝止不住。
8. 俄顷：不久，一会儿。
9. 秋天漠漠向昏黑：秋季的天空阴沉迷蒙，渐渐黑了下来。
10. 衾：被子。
11. 恶卧：睡相不好。
12. 屋漏：泛指屋之深暗处。
13. 雨脚如麻：形容雨点不间断，像下垂的麻线一样密集。

14. 丧乱：战乱，指安史之乱。
15. 彻：尽，完。
16. 安得：如何能得到。
17. 庇：遮蔽，覆盖。
18. 呜呼：书面感叹词，表示叹息，相当于“唉”。
19. 突兀：高耸的样子，这里形容“广厦”。
20. 庐：茅屋。
21. 足：值得。

鸟

［唐］白居易

谁道[1]群生[2]性命微[3]？一般[4]骨肉一般皮。

劝君莫[5]打枝头鸟，子[6]在巢中望[7]母归。

【注释】

1. 道：说。
2. 群生：这里指小鸟。
3. 微：微不足道。
4. 一般：一样，同样。
5. 莫：不要。
6. 子：幼鸟。
7. 望：盼望。

传习录（节选）

［明］王守仁

夫人者，天地之心。天地万物，本吾一体者也。生民之困苦荼（tú）毒[1]，孰非疾痛之切于吾身者乎？不知吾身之疾痛，无是非之心者也。是非之心，不虑而知，不学而能，所谓良知[2]也。良知之在人心，无间于圣愚，天下古今之所同也。世之君子惟务致[3]其良知，则自能公是非，同好恶，视人犹己，视国犹家，而以天地万物为一体，求天下无治，不可得矣。

【注释】

1. 荼毒：悲痛。

2. 良知：在《传习录》中，王守仁认为“良知”是一种“不虑而知”的天赋道德意识。只要除去私欲的蒙蔽，依照“良知”去做，便自然合乎道德标准。

3. 致：有推极、恢复之意。

二、朗朗上口

在了解诗文背景的基础上，借助标记符号朗诵诗文。参照相应的朗诵录音，不断提升自己的诵读水平。初期可以跟随录音诵读。

1　茅屋为秋风所破歌

【作者生平】

杜甫（712—770），字子美，唐代诗人，自称少陵野老，世称“杜工部”“杜少陵”等。其诗紧密结合时事，思想深厚，境界开阔，有强烈的现实意义，深刻地反映了唐王朝由盛转衰的社会现实，被后世称为“诗史”。在诗歌艺术上，他能够总结前人的成就，融合众长，兼备诸体，形成特有的沉郁顿挫的风格。他忧国忧民，人格高尚，诗艺精湛，被尊为“诗圣”。著有《杜工部集》。

【写作背景】

乾元三年的春天，历尽沧桑、生活困苦的杜甫带着一家人在成都浣花溪边上盖起了一座茅屋，总算有了栖身之所。不料到了八月，大风破屋，大雨又接踵而至。诗人长夜难眠，感慨万千，写下了这篇脍炙人口的诗篇。诗写的是自己的数间茅屋，表现的却是超越个人私利、忧国忧民的情感。

【朗读指导】

八月｜秋高｜风怒号，卷我｜屋上｜三重茅。茅飞｜渡江｜洒江郊，高者｜挂罥｜长林梢，下者｜飘转｜沉塘坳。南村｜群童｜欺我｜老无力，忍能｜对面｜为盗贼，公然｜抱茅｜入竹去。唇焦｜口燥｜呼不得，归来｜倚杖｜自叹息。俄顷｜风定｜云墨色，秋天｜漠漠｜向昏黑。布衾｜多年｜冷似铁，娇儿｜恶卧｜踏里裂。床头｜屋漏｜无干处，雨脚｜如麻｜未断绝。自经｜丧乱｜少睡眠，长夜｜沾湿｜何由彻？安得｜广厦｜千万间，大庇｜天下寒士｜俱欢颜，风雨｜不动｜安如山。呜呼！何时｜眼前｜突兀｜见此屋，吾庐｜独破｜受冻｜死亦足！

2　鸟

【作者生平】

白居易（772—846），字乐天，号香山居士，唐代诗人。早年家境贫困，颇历艰辛。贞元年间中进士，官至刑部尚书。白居易认为“文章合为时而著，歌诗合为事而作”，他继承发展了《诗经》和汉乐府的现实主义传统，对当时的社会问题进行了较深刻的揭露和批判，掀起了现实主义诗歌的高潮。晚年与刘禹锡唱和甚多，人称“刘白”。有《白氏长庆集》。

【写作背景】

这是一首劝诫诗。诗人认为，小鸟和我们人类一样，都是血肉之躯，都有情感，因而劝诫人们不要轻易伤害它们，与它们和谐共处。全诗表现出诗人对世间万物的热爱，对生命的尊重。

【朗读指导】

谁道｜群生｜性命微？
一般｜骨肉｜一般皮。
劝君｜莫打｜枝头鸟，
子在｜巢中｜望母归。

3　传习录（节选）

【作者生平】

王守仁（1472—1529），字伯安，余姚（今属浙江）人，明代著名思想家、教育家、政治家，世称“阳明先生”。王守仁是宋明理学心一元论的代表，强调“夫万事万物之理不外于吾心”，提出“致良知”学说，认为伦理道德是人生而具有的“良知”。其著作由门人辑成《王文成公全书》三十八卷。

【写作背景】

本篇选文出自《传习录》，《传习录》是王守仁的讲学语录，由其门人辑录，共分上、中、下三卷。《传习录》记载了王守仁与他人关于“致良知”“知行合一”等的问答，是研究王守仁思想的重要文献。本篇选文点出了王守仁思想的核心角度——人和世界的关系。王守仁认为，人和天地万物是一体的，且人的良知是天生就具备的。所有人心里都有良知存在，只要在致良知上下功夫，就自然能明辨是非，推己及人。做到这些，想治理不好国家都难。

【朗读指导】

夫｜人者，天地之心。天地｜万物，本｜吾｜一体者也。生民｜之困苦荼毒，孰非｜疾痛之切｜于吾身者乎？不知｜吾身之疾痛，无｜是非之心者也。是非之心，不虑｜而知，不学｜而能，所谓｜良知也。良知｜之在人心，无间｜于圣愚，天下｜古今｜之所同也。世之君子｜惟务｜致其良知，则｜自能｜公是非，同好恶，视人｜犹己，视国｜犹家，而以｜天地｜万物｜为一体，求｜天下｜无治，不可｜得矣。

三、娓娓道来

1. 商朝建立者成汤是一名仁德之君。请同学们参考教材中的介绍，查阅相关资料，说说成汤的政治思想及历史功绩。

2. 随着经济的快速发展，人类面临的环境污染问题已日趋严重。大自然是人类赖以生存发展的基本条件，尊重自然、顺应自然、保护自然，是关乎各国未来的长远大计。请同学们以“人与自然和谐共生”为主题，查阅相关资料，体会我国加强生态文明建设带来的巨大变化。

3. 1988 年，曾任云南省保山地委书记的杨善洲退休以后，主动放弃进省城安享晚年的机会，扎根大亮山，带领大家植树造林，建成价值 3 亿元的林场并将林场无偿捐献给国家。请观看电影《杨善洲》，进一步了解杨善洲的事迹，谈谈你对杨善洲秉持的理念的理解。

四、跃跃欲试

（一）实践目标

“民胞物与”的思想强调人与人、人与自然的和谐共存，强调个人应自觉地履行爱国、爱家、关爱他人、扶危济困等道德义务。以班级为单位，开展一次主题为“爱国、爱家、爱校、爱班——感动心灵的故事”的活动。大家可以选择一个在自己成长过程中令自己感动的故事与他人分享，通过分享，学会珍惜自己所拥有的爱，学会体谅他人并怀着一颗感恩的心去回报社会。

（二）实践过程

1. 回忆、整理爱国、爱家、爱校、爱班的故事。

2. 从中选取一个故事，撰写分享的底本。

3. 依次上台分享故事（每人限时 1 分钟）。

4. 全班同学选出最精彩、最感人的五则故事并做点评。

（三）实践成果

1. 精彩故事撰写。

2. 上台分享。

五、款款临风

请完成以下字帖描红。

茅屋为秋风所破歌

［唐］杜甫

八月秋高风怒号，卷我屋上三重茅。茅飞渡江洒江郊，高者挂罥长林梢，下者飘转沉塘坳。南村群童欺我老无力，忍能对面为盗贼，公然抱茅入竹去。唇焦口燥呼不得，归来倚杖自叹息。俄顷风定云墨色，秋天漠漠向昏黑。布衾多年冷似铁，娇儿恶卧踏里裂。床头屋漏无干处，雨脚如麻未断绝。自经丧乱少睡眠，长夜沾湿何由彻？安得广厦千万间，大庇天下寒士俱欢颜，风雨不动安如山。呜呼！何时眼前突兀见此屋，吾庐独破受冻死亦足！

鸟

［唐］白居易

谁道群生性命微？
一般骨肉一般皮。
劝君莫打枝头鸟，
子在巢中望母归。

传习录（节选）

［明］王守仁

夫人者，天地之心。天地万物，本吾一体者也。生民之困苦荼毒，孰非疾痛之切于吾身者乎？不知吾身之疾痛，无是非之心者也。是非之心，不虑而知，不学而能，所谓良知也。良知之在人心，无间于圣愚，天下古今之所同也。世之君子惟务致其良知，则自能公是非，同好恶，视人犹己，视国犹家，而以天地万物为一体，求天下无治，不可得矣。

第三课　天下为公

一、声声入耳

扫二维码，听朗诵录音。参考注释和教材译文，体会诗文中蕴涵的思想感情。

礼记·礼运（节选）

大道[1]之行[2]也，天下为[3]公，选贤与能[4]，讲信修睦(mù)[5]。故人不独亲[6]其亲，不独子[7]其子，使老有所终，壮有所用，幼有所长，矜(guān)、寡、孤、独、废疾者[8]皆有所养，男有分[9]，女有归[10]。货恶(wù)[11]其弃于地也，不必藏于己；力[12]恶其不出于身也，不必为己。是故[13]谋闭而不兴[14]，盗窃乱贼而不作[15]，故外户[16]而不闭[17]，是谓[18]大同[19]。

【注释】

1. 大道：古代指政治上的最高理想。
2. 行：施行。
3. 为：是，表判断。
4. 选贤与能：把品德高尚的人、能干的人选拔出来。与，同“举”，推举，选举。
5. 讲信修睦：讲求诚信，建立睦邻友好关系。修，建立。
6. 亲：意动用法，用如动词，以……为亲。
7. 子：意动用法，用如动词，以……为子。
8. 矜、寡、孤、独、废疾者：泛指没有或丧失劳动力而又无依无靠的人。矜，同“鳏”，老而无妻的人。寡，老而无夫的人。孤，幼而无父的人。独，老而无子的人。废疾，残疾人。
9. 男有分：男子有职务。分，职分，指职业、职守。
10. 女有归：女子有归宿。归，指女子出嫁。
11. 货恶：宾语前置。货，财货。恶，憎恶。
12. 力：气力，力量，劳役。
13. 是故：因此，所以，这样一来。
14. 谋闭而不兴：奸邪之谋不会产生。闭，杜绝。兴，产生。

15. 盗窃乱贼而不作：盗窃、造反和害人的事情不发生。乱，造反。贼，害人。作，兴起。

16. 外户：泛指大门。

17. 闭：用门闩插门。

18. 谓：叫作。

19. 大同：指理想社会。同，有太平的意思。

孟子·梁惠王上（节选）

［战国］孟子

五亩之宅，树之以桑，五十者可以衣帛矣。鸡豚(tún)狗彘(zhì)[1]之畜，无失其时，七十者可以食肉矣。百亩之田，勿夺其时，数口之家可以无饥矣。谨[2]庠(xiáng)序[3]之教，申[4]之以孝悌(tì)之义，颁(bān)白[5]者不负[6]戴[7]于道路矣。七十者衣帛食肉，黎民不饥不寒，然而不王者，未之有也。

【注释】

1. 鸡豚狗彘：泛指家庭养殖的禽畜。豚，小猪。彘，猪。
2. 谨：慎重，重视。
3. 庠序：泛指学校。
4. 申：重复，加上。
5. 颁白：同“斑白”，头发花白。
6. 负：背着。
7. 戴：顶着。

二、朗朗上口

在了解诗文背景的基础上，借助标记符号朗诵诗文。参照相应的朗诵录音，不断提升自己的诵读水平。初期可以跟随录音诵读。

1　礼记·礼运（节选）

【作者生平】

《礼记》是秦汉以前各种礼仪论著的选集，为儒家经典之一。其共有《曲礼》《檀弓》《王制》《月令》《礼运》《学记》《乐记》《中庸》《大学》等四十九篇，是研究中国古代社会情况、儒家学说和文物制度的重要资料。

【写作背景】

《礼运》是《礼记》中的篇名，约为战国末年或秦汉之际儒家学者托名孔子答问的著作。《礼运》的作者对“大同”社会作了描述，还提出以“天下为家”的“小康”之治，是进入“大同”之前的低级阶段。本篇选文即是《礼运》中关于“大同”社会的经典描述。这段描述反映了人们头脑中理想社会的样子，寄托着人们对美好生活的向往。

【朗读指导】

大道｜之行也，天下｜为公，选贤｜与能，讲信｜修睦。故｜人｜不独亲｜其亲，不独子｜其子，使｜老有｜所终，壮有｜所用，幼有｜所长，矜、寡、孤、独、废疾者｜皆有｜所养，男有｜分，女有｜归。货｜恶｜其弃于地也，不必｜藏于己；力｜恶｜其不出于身也，不必｜为己。是故｜谋闭｜而不兴，盗窃乱贼｜而不作，故｜外户｜而不闭，是谓｜大同。

2　孟子·梁惠王上（节选）

【作者生平】

略。

【写作背景】

本篇选文出自《孟子·梁惠王上》，记载了孟子游魏，与魏国国君梁惠王（即魏惠王）的一次谈话。当时，各国想要增加粮食供应和扩充兵员，却苦于劳动力不足。梁惠王为了同邻国争夺百姓，采取了自以为尽心的措施，可是目的并没有达到。梁惠王以此问孟子，孟子指出梁惠王所谓的“尽心”并不能使百姓归顺，同时提出自己的主张：只有行王道、施仁政，国家才有前途。

【朗读指导】

五亩｜之宅，树之｜以桑，五十者｜可以｜衣帛矣。鸡豚狗彘｜之畜，无失｜其时，七十者｜可以｜食肉矣。百亩｜之田，勿夺｜其时，数口之家｜可以｜无饥矣。谨｜庠序｜之教，申之以｜孝悌｜之义，颁白者｜不负戴｜于道路矣。七十者｜衣帛｜食肉，黎民｜不饥｜不寒，然而｜不王者，未之｜有也。

三、娓娓道来

1. 了解教材“博观约取”中的故事，感受儒家的政治理想、道德观念。查阅相关资料，选取一至两个体现儒家道德观念的故事，讲给大家听。

2. “大道之行也，天下为公。”这种理念启发了诸多人。近代以来，康有为、孙中山、毛泽东等都受到这一理念的影响，投入改革或革命事业中。请查阅资料，说说在这一重要理念影响下中国社会发生的巨大变革。

3. 袁隆平是中国著名的农业科学家、工程院院士、“共和国勋章”获得者，被誉为“杂交水稻之父”。他带领科研团队攻克了水稻超高产育种难关，一次次提高超级稻亩产量，不仅造富了中国人民，也造富了世界人民。请查阅资料、观看袁隆平接受采访的视频，了解其做事的思维方式和理念，然后与大家分享。

四、跃跃欲试

（一）实践目标

“天下为公”是孙中山经常题写的词句。参观中山纪念堂，可以帮助我们了解儒家思想对中国历史的影响，领会儒家思想的精髓，理解人类命运共同体的内涵。

（二）实践过程

1. 实地参观中山纪念堂，查阅、收集孙中山等革命先辈的事迹。

2. 写一篇简短的观后感，在班级内分享。

（三）实践成果

观后感。

五、款款临风

请完成以下字帖描红。

礼记·礼运（节选）

大道之行也，天下为公，选贤与能，讲信修睦。故人不独亲其亲，不独子其子，使老有所终，壮有所用，幼有所长，矜、寡、孤、独、废疾者皆有所养，男有分，女有归。货恶其弃于地也，不必藏于己；力恶其不出于身也，不必为己。是故谋闭而不兴，盗窃乱贼而不作，故外户而不闭，是谓大同。

孟子·梁惠王上（节选）

［战国］孟子

五亩之宅，树之以桑，五十者可以衣帛矣。鸡豚狗彘之畜，无失其时，七十者可以食肉矣。百亩之田，勿夺其时，数口之家可以无饥矣。谨庠序之教，申之以孝悌之义，颁白者不负戴于道路矣。七十者衣帛食肉，黎民不饥不寒，然而不王者，未之有也。

民俗之情

第一课　楹联佳话

一、声声入耳

扫二维码，听朗诵录音。参考注释和教材译文，体会诗文中蕴涵的思想感情。

大观楼长联

［清］孙髯

上联：五百里滇池奔来眼底，披襟岸帻，喜茫茫空阔无边。看东骧(xiāng)[1]神骏，西翥(zhù)[2]灵仪[3]，北走蜿蜒[4]，南翔缟素[5]。高人韵士，何妨选胜登临。趁蟹屿螺洲[6]，梳裹就风鬟[7]雾鬓[8]，更苹[9]天苇[10]地，点缀些翠羽[11]丹霞[12]。莫辜负四围香稻，万顷晴沙，九夏[13]芙蓉[14]，三春杨柳。

下联：数千年往事注到心头，把酒凌虚，叹滚滚英雄谁在。想汉习楼船，唐标铁柱，宋挥玉斧，元跨革囊。伟烈丰功，费尽移山心力。尽珠帘画栋，卷不及暮雨朝云，便断碣残碑，都付与苍烟落照。只赢得几杵疏钟，半江渔火，两行秋雁，一枕清霜。

【注释】

1. 骧：马。
2. 翥：飞举，飞。
3. 灵仪：指滇池西面的碧鸡山。
4. 蜿蜒：指昆明北面的长虫山。
5. 缟素：白色的绢帛，指昆明南面的鹤山。
6. 蟹屿螺洲：蟹与螺壳堆成的小岛或小沙洲。
7. 鬟：环形发髻。
8. 鬓：耳边垂发，喻风中垂柳。
9. 苹：水草。
10. 苇：芦苇。
11. 翠羽：翠绿的小鸟。

12. 丹霞：红色的云霞。
13. 九夏：指九十天的夏季。
14. 芙蓉：荷花。

岳麓书院讲堂联

［清］旷敏本

上联：是非审之于己，毁誉听之于人，得失安之于数[1]，陟(zhì)[2]岳麓峰头，朗月清风，太极[3]悠然[4]可会。

下联：君亲恩何以酬，民物命何以立，圣贤道何以传，登赫曦(hè xī)台上，衡云湘水，斯文定有攸[5]归[6]。

【注释】

1. 数：命运。
2. 陟：登，升。
3. 太极：指宇宙本始。
4. 悠然：闲适貌。
5. 攸：助词，用法相当于“所”。
6. 归：归属。

黄鹤楼联

［清］陈兆庆

上联：一支笔[1]挺起江汉[2]间，到最上层，放开肚皮，直吞将八百里洞庭[3]、九百里云梦[4]。

下联：千年事幻在沧桑里，是真才人，自有眼界，哪管它去早了黄鹤[5]、来迟了青莲[6]。

【注释】

1. 笔：以“笔”喻楼，形容黄鹤楼的挺拔雄姿。
2. 江汉：长江和汉水。
3. 洞庭：洞庭湖。
4. 云梦：古薮泽名。
5. 去早了黄鹤：出自唐代崔颢《黄鹤楼》诗中的“昔人已乘黄鹤去”。
6. 来迟了青莲：“青莲”为李白的自号，传说李白登黄鹤楼时本想赋诗，见到了崔颢的

《黄鹤楼》诗而感慨“眼前有景道不得，崔颢题诗在上头”，因此“无作而去”。

二、朗朗上口

在了解诗文背景的基础上，借助标记符号朗诵诗文。参照相应的朗诵录音，不断提升自己的诵读水平。初期可以跟随录音诵读。

1　大观楼长联

【作者生平】

孙髯（？—1774），字髯翁，号颐庵。清代著名文士。祖籍是陕西三原，后来寄居昆明。孙髯博学多识，擅长作乐府、律诗。他一生勤于著述，却不求入仕。其所作昆明大观楼长联被誉为“海内第一长联”。

【写作背景】

康熙年间，云南昆明大观楼建成。孙髯登临大观楼，作此长联。孙髯在上联描绘了登临大观楼看到的壮美景色，下联以汉习楼船、唐标铁柱、宋挥玉斧、元跨革囊四个典故，概括了云南的历史风云，阐述了自己的看法。

【朗读指导】

上联：五百里｜滇池｜奔来眼底，披襟｜岸帻，喜｜茫茫｜空阔｜无边。看｜东骧｜神骏，西翥｜灵仪，北走｜蜿蜒，南翔｜缟素。高人｜韵士，何妨｜选胜｜登临。趁｜蟹屿｜螺洲，梳裹就｜风鬟｜雾鬓，更｜苹天｜苇地，点缀些｜翠羽｜丹霞。莫辜负｜四围｜香稻，万顷｜晴沙，九夏｜芙蓉，三春｜杨柳。

下联：数千年｜往事｜注到心头，把酒｜凌虚，叹｜滚滚｜英雄｜谁在。想｜汉习｜楼船，唐标｜铁柱，宋挥｜玉斧，元跨｜革囊。伟烈｜丰功，费尽｜移山｜心力。尽｜珠帘｜画栋，卷不及｜暮雨｜朝云，便｜断碣｜残碑，都付与｜苍烟｜落照。只赢得｜几杵｜疏钟，半江｜渔火，两行｜秋雁，一枕｜清霜。

2　岳麓书院讲堂联

【作者生平】

旷敏本（1699—1782），字鲁之，号岣嵝，清代文人。雍正十年应乡试，取得第一名。乾隆元年中进士。后因病回乡，专事著述与讲学，不复入仕。后游幕于两粤制军、豫章抚军、粤东县署、楚北学使诸处。约于乾隆十九年前后受聘为岳麓书院山长，训诲认真，教学有方，学生众多。著有《周易启蒙》《禹贡发蒙》《仿古吟》《韵语》等，编有《南岳志》

《岣嵝鉴撮》。

【写作背景】

旷敏本于乾隆十九年前后受聘为岳麓书院山长，于是撰写了此联，表达他培养人才的理念。此联上联讲的是个人修为，告诫学子只有远离世俗功利之扰，心存恬淡，亲近自然，方可领悟太极之道。下联讲的是社会责任，以酬恩、立命、传道来设问，期许学子学有所用。这副对联完整表达了旷敏本的教育理念：他希望传承岳麓书院的教育精神，培养具有独立人格修养、传道而济斯民的人才。

【朗读指导】

上联：是非｜审之｜于己，毁誉｜听之｜于人，得失｜安之｜于数，陟｜岳麓｜峰头，朗月｜清风，太极｜悠然｜可会。

下联：君亲恩｜何以酬，民物命｜何以立，圣贤道｜何以传，登｜赫曦｜台上，衡云｜湘水，斯文｜定有｜攸归。

3　黄鹤楼联

【作者生平】

陈兆庆（1821—1871），号江陵老叟，湖北孝感人，清代文人。他于咸丰年间考中举人，曾任湖北黄梅、松滋教谕，多有政绩，松滋县曾为他立“德政碑”。后在武昌书院任教，传授书法。陈兆庆的书法在当时已颇有名，北京颐和园中的楹联有的就是出自他之手。陈兆庆治学严谨，奖掖后辈，培养出了一批有名的书法家。

【写作背景】

这副楼联，上联从空间写黄鹤楼，想象奇异，气魄宏大。下联从时间跨度着笔，表明游者若登临此楼赏美景，自己要有真才，这就将景象和游者胸怀联系起来了。这副楼联气势磅礴但又通俗易懂，如果没有丰富的人生阅历是写不出这么富有哲理的绝佳好联来的。

【朗读指导】

上联：一支笔｜挺起｜江汉间，到｜最上层，放开｜肚皮，直吞将｜八百里｜洞庭、九百里｜云梦。

下联：千年事｜幻在｜沧桑里，是｜真才人，自有｜眼界，哪管它｜去早了｜黄鹤、来迟了｜青莲。

三、娓娓道来

1. 请参考教材，查阅相关资料，以“寻找对联的传说”为题，向同学们介绍关于对联的有趣的民间传说。

信息汇总表

朝代	关于对联的传说

2. 请参考教材，查阅相关资料，填写表格，向同学们介绍对联的演变过程、著名的对联等。

信息汇总表

对联的演变过程	著名的对联

3. 穿梭于大街小巷，我们常能看到一副副表尽人世情的对联，请参考《南粤风采》中的内容，收集你所住地方的对联以及其背后的故事，给同学们讲述。

四、跃跃欲试

（一）实践目标

对联又称楹联、联句、对句等，俗称对子。对联由上联和下联组合而成，还往往配有横批，概括对联的立意。对联的量词为“副”，不能用“首”或“条”。一副对联的字数可多可少，虽无字数限制，但要对仗工整，平仄协调。试着自己创作一副对联，以便更深入地感受对联的精妙。

（二）实践过程

1. 查阅资料，了解对联的类别、写对联的要求。

2. 实地走访景区或进入景区网站，收集景区里对仗工整的对联，领略中国文字之美。
3. 尝试写一副对联并制作“我也写对联”PPT，介绍这副对联。
4. 举办“我最喜爱的对联”分享会，与班级同学分享对联的妙用。

（三）实践成果

1. 尝试写的一副对联。
2. “我也写对联”PPT。
3. “我最喜爱的对联”分享会。

五、款款临风

请完成以下字帖描红。

大观楼长联

［清］孙髯

上联：五百里滇池奔来眼底，披襟岸帻，喜茫茫空阔无边。看东骧神骏，西翥灵仪，北走蜿蜒，南翔缟素。高人韵士，何妨选胜登临。趁蟹屿螺洲，梳裹就风鬟雾鬓，更苹天苇地，点缀些翠羽丹霞。莫辜负四围香稻，万顷晴沙，九夏芙蓉，三春杨柳。

下联：数千年往事注到心头，把酒凌虚，叹滚滚英雄谁在。想汉习楼船，唐标铁柱，宋挥玉斧，元跨革囊。伟烈丰功，费尽移山心力。尽珠帘画栋，卷不及暮雨朝云，便断碣残碑，都付与苍烟落照。只赢得几杵疏钟，半江渔火，两行秋雁，一枕清霜。

岳麓书院讲堂联

［清］旷敏本

上联：是非审之于己，毁誉听之于人，得失安之于数，陟岳麓峰头，朗月清风，太极悠然可会。

下联：君亲恩何以酬，民物命何以立，圣贤道何以传，登赫曦台上，衡云湘水，斯文定有攸归。

黄鹤楼联

［清］陈兆庆

上联：一支笔挺起江汉间，到最上层，放开肚皮，直吞将八百里洞庭、九百里云梦。

下联：千年事幻在沧桑里，是真才人，自有眼界，哪管它去早了黄鹤、来迟了青莲。

第二课　棋道纵横

一、声声入耳

扫二维码，听朗诵录音。参考注释和教材译文，体会诗文中蕴涵的思想感情。

观　棋

［唐］杜荀鹤

对面不相见，用心同用兵。

算[1]人常欲杀，顾[2]己自贪生。

得势[3]侵吞远，乘危打劫[4]赢。

有时逢敌手，当局[5]到深更。

【注释】

1. 算：计算。
2. 顾：照顾，照管。
3. 势：气势，形势。
4. 打劫：围棋术语。
5. 当局：面对棋局。

新开棋轩呈元珍表臣

［宋］欧阳修

竹树日已滋[1]，轩窗渐幽兴。

人间与世远，鸟语知境静。

春光蔼（ǎi）[2]欲布，山色寒尚映。

独收万虑心，于此一枰（píng）[3]竞。

【注释】

1. 滋：繁盛。
2. 蔼：同“霭”，云雾。
3. 枰：棋盘，棋局。

少年游·戏友人与女客对棋

［宋］刘铉

石榴花下薄罗衣[1]，睡起却[2]寻棋。
未省高低，被伊春笋，拈了白琉璃。
钏（chuàn）[3]脱钗[4]斜浑不省，意重子声迟。
对面痴心，只愁收局，肠断欲输时。

【注释】

1. 罗衣：丝质的衣服。
2. 却：就，便。
3. 钏：手镯。
4. 钗：妇女的首饰，由两股簪子合成。

春日偶吟（节选）

［清］袁枚

拢[1]袖观棋有所思，分明楚汉两军持[2]。
非常欢喜非常恼，不着棋人总不知。

【注释】

1. 拢：聚合，合拢。
2. 持：相持。

二、朗朗上口

在了解诗文背景的基础上，借助标记符号朗诵诗文。参照相应的朗诵录音，不断提升自己的诵读水平。初期可以跟随录音诵读。

1　观　棋

【作者生平】

杜荀鹤（846—904），字彦之，号九华山人，唐代诗人。杜荀鹤在唐代末期经历了社会动乱，其诗风格清逸，语言通俗，较多反映了人民的凄苦生活。著有《唐风集》。

【写作背景】

唐代文人会把围棋当成一种益智游戏，他们在棋盘上模拟兵战，斗智斗勇。整首诗表达了下棋的乐趣：第一句点出了棋战如同兵战；第二句点明了下棋之人的技艺与心态；第三句说明了要有敢于冒险的精神才有取得胜利的可能；最后一句指出，如能遇到旗鼓相当的对手，会更加激发对弈的兴趣。

【朗读指导】

对面｜不｜相见，用心｜同｜用兵。
算人｜常｜欲杀，顾己｜自｜贪生。
得势｜侵吞｜远，乘危｜打劫｜赢。
有时｜逢｜敌手，当局｜到｜深更。

2　新开棋轩呈元珍表臣

【作者生平】

略。

【写作背景】

不少文人、士大夫认为围棋是一种风雅的象征，从一个人下棋的风格可以看出其秉性、人生态度和人生境界等，棋局对弈更是历练品性的绝佳方式，因此他们在对弈中比较重视所处的环境，喜欢于幽静之处专注对弈。

本诗将大量笔墨放在了描写对弈的环境上，翠竹、小窗、鸟语、春光、云气……三言两语，清幽、静谧的环境如在眼前，让人不由屏气凝神，注意到竹林之中那专心对弈的两个人，感受到棋盘上厮杀之激烈。

【朗读指导】

竹树｜日已滋，轩窗｜渐幽兴。
人间｜与世远，鸟语｜知境静。
春光｜蔼欲布，山色｜寒尚映。
独收｜万虑心，于此｜一枰竞。

3　少年游·戏友人与女客对棋

【作者生平】

刘铉（生卒年不详），字鼎玉，宋代文学家。存词三首，收录在《元草堂诗余》。

【写作背景】

宋朝的女子十分喜欢下围棋。此词中描绘的女子就是个棋迷。女子睡后初起便急忙坐到棋盘边与人对弈。她沉浸在下棋中，苦思冥想，神情凝重，全然不知妆容凌乱。下到最后眼见快要输了，禁不住心痛。词人短短数句，便将这位女棋迷的娇憨之态勾勒出来，让人不禁随之莞尔。

【朗读指导】

石榴｜花下｜薄罗衣，睡起｜却寻棋。
未省｜高低，被伊｜春笋，拈了｜白琉璃。
钏脱｜钗斜｜浑不省，意重｜子声迟。
对面｜痴心，只愁｜收局，肠断｜欲输时。

4　春日偶吟（节选）

【作者生平】

袁枚（1716—1798），字子才，号简斋、随园，浙江钱塘（今杭州）人，清代文学家。袁枚主张诗歌直抒胸臆，以性情为本，强调主体意识和独创精神，与赵翼、蒋士铨并称为“乾隆三大家”。著有《小仓山房集》《随园诗话》《子不语》等。

【写作背景】

本诗非常生动地描绘了一位观棋人的状态。此观棋人是内行人，因此他一开始是专注而又惬意的，但随着对弈形势的不断变化，他也随着棋局变得时而欢欣时而焦虑。

【朗读指导】

拢袖观棋｜有所思，
分明楚汉｜两军持。
非常欢喜｜非常恼，
不着棋人｜总不知。

三、娓娓道来

1. 围棋起源于中国，简单的规则里蕴含着无穷的变化。一方面，围棋是比赛，是要决胜负的，杀伐攻守，难以捉摸；另一方面，围棋又是优雅闲适的，下棋之人讲究从容不迫，既要掌握棋艺，又要有文化修养。请参考教材“源远流长”中的介绍，查阅相关资料，向同学们介绍围棋的产生和发展过程。

2. 除了围棋，象棋也是中国的传统棋种。下象棋需要极严密的逻辑思维、良好的记忆力和空间想象力。请参考教材“源远流长”中的介绍，查阅相关资料，向同学们介绍象棋的产生和发展过程。

3. 棋类活动尤其是象棋在广东有着非常广泛的大众基础，请参考“南粤采风”中的内容，给同学们讲述棋类活动与广东的故事。

四、跃跃欲试

（一）实践目标

在中国，最有代表性的棋类就是围棋与象棋了。下棋是古人生活的重要组成部分，也是当下仍流行的娱乐项目。下围棋、象棋不仅可以使人心情愉悦，还可以磨炼人的意志，陶冶人的情操。深入了解围棋（象棋）的相关信息，可以进一步感受下棋的乐趣，提升文化自信。

（二）实践过程

1. 查阅资料，了解围棋（象棋）的规则、等级和主要的赛事。

2. 举办围棋（象棋）比赛，与班级同学一起感受围棋（象棋）的乐趣。

3. 比赛结束后，分享对于围棋（象棋）的感悟。

（三）实践成果

1. 围棋（象棋）比赛。

2. 感悟分享。

五、款款临风

请完成以下字帖描红。

观棋

［唐］杜荀鹤

对面不相见，用心同用兵。

算人常欲杀，顾己自贪生。

得势侵吞远，乘危打劫赢。
有时逢敌手，当局到深更。

新开棋轩呈元珍表臣
［宋］欧阳修
竹树日已滋，轩窗渐幽兴。
人间与世远，鸟语知境静。
春光蔼欲布，山色寒尚映。
独收万虑心，于此一枰竞。

少年游·戏友人与女客对棋
［宋］刘弦
石榴花下薄罗衣，睡起却寻棋。
未省高低，被伊春笋，拈了白琉璃。
钏脱钗斜浑不省，意重子声迟。
对面痴心，只愁收局，肠断欲输时。

春日偶吟（节选）

［清］袁枚

拢袖观棋有所思，

分明楚汉两军持。

非常欢喜非常恼，

不着棋人总不知。

第三课　鞠飞毽舞

一、声声入耳

扫二维码，听朗诵录音。参考注释和教材译文，体会诗文中蕴涵的思想感情。

寒食[1]城东即事

［唐］王维

清溪一道穿桃李，演[2]漾绿蒲涵[3]白芷。

溪上人家凡几家，落花半落东流水。

蹴鞠[4]屡过飞鸟上，秋千竞出垂杨里。

少年分日[5]作遨游，不用清明兼上巳(sì)[6]。

【注释】

1. 寒食：即寒食节，在清明节前一日（一说前两日）。
2. 演：水长流。
3. 涵：滋润。
4. 蹴鞠：我国古代的一种足球运动。
5. 分日：春分，节气名。
6. 上巳：节日名。古时以夏历三月上旬巳日为“上巳”。

晚春感事

［宋］陆游

少年骑马入咸阳[1]，鹘[2]似身轻蝶似狂。

蹴鞠场边万人看，秋千旗下一春忙。

风光流转浑如昨，志气低摧只自伤。

日永东斋淡无事，闭门扫地独焚香。

【注释】

1. 咸阳：古都邑名。
2. 鹘：隼属动物部分种类的旧称。

踢毽儿

［清］李声振

青泉万迭[1]雉朝飞，
闲蹴[2]鸾(luán)[3]靴趁短衣。
忘却玉弓相笑倦，
攒花日夕未曾归。

【注释】

1. 迭：更迭；轮流。
2. 蹴：踢。
3. 鸾：传说中凤凰一类的鸟。

毽　子

［清］管棆

轻帘折燕倏(shū)[1]东西，妙技传来高下齐。
谁向锦笼寻芥羽[2]，多从绣箧(qiè)[3]检朱提[4]。
便逾[5]猿捷常依井，势[6]比鸾翔似踏梯。
轻旋最夸身手健，短衣缚裤一相携。

【注释】

1. 倏：疾速，忽然。
2. 芥羽：指用以角斗的鸡。
3. 箧：小箱子。
4. 朱提：朱提银，代指铜钱。
5. 逾：超过。
6. 势：姿态。

二、朗朗上口

在了解诗文背景的基础上，借助标记符号朗诵诗文。参照相应的朗诵录音，不断提升自己的诵读水平。初期可以跟随录音诵读。

1　寒食城东即事

【作者生平】

王维（701？—761），字摩诘，唐代诗人、画家。开元进士，官至尚书右丞，世称王右丞。王维多才多艺，工诗善画，兼通音乐，书法也有很深的造诣。他擅写边塞诗、田园诗，诗与孟浩然齐名，并称“王孟”。著有《王右丞集》。

【写作背景】

本诗是王维早期的作品。全诗前四句勾勒出早春景色，有强烈的画面感；第五、六句赞扬年轻人的朝气和活力；最后两句道出诗人的观点——青春年少的人不必非等到清明和上巳两个节日才出去游玩。全诗描绘出美丽的早春景象，交错着年轻人的朝气蓬勃，充分体现了王维诗“诗中有画”的特色。

【朗读指导】

清溪一道｜穿桃李，演漾绿蒲｜涵白芷。
溪上人家｜凡几家，落花半落｜东流水。
蹴鞠屡过｜飞鸟上，秋千竞出｜垂杨里。
少年分日｜作遨游，不用清明｜兼上巳。

2　晚春感事

【作者生平】

陆游（1125—1210），字务观，号放翁，南宋诗人。陆游生于北宋灭亡之际，少年时期深受爱国思想的熏陶，中年投身军旅，晚年虽退居家乡但始终怀有收复中原的信念。他的诗歌雄浑豪放、真挚动人，常反映民生疾苦，抒发政治抱负。著有《剑南诗稿》《渭南文集》等。

【写作背景】

在本诗中，诗人回忆起年轻时骑马去看蹴鞠比赛和荡秋千比赛的情景，当时的比赛热闹非凡，观看的人不计其数。诗人感叹，自己那意气风发的样子好像就在昨天，现如今却裹足不出，没事儿就扫扫地，在书房里焚焚香。

【朗读指导】

少年骑马｜入咸阳，鹘似身轻｜蝶似狂。
蹴鞠场边｜万人看，秋千旗下｜一春忙。
风光流转｜浑如昨，志气低摧｜只自伤。
日永东斋｜淡无事，闭门扫地｜独焚香。

3　踢毽儿

【作者生平】

李声振，生卒年不祥，号鹤皋，清代河北人，乾隆年间进士。著有《百戏竹枝词》。

【写作背景】

“竹枝词”为乐府《近代曲》名，原本是巴渝（今重庆）一带民歌。唐代诗人刘禹锡任夔州刺史时，采用当地民歌的曲谱，写成七言绝句形式的《竹枝词》，用来歌咏三峡风光和男女恋情。从此以后，各个朝代的诗人写《竹枝词》的很多，形式都是七言绝句，多咏当地风俗和男女恋情。李声振的《百戏竹枝词》就记录了那一时期北京、河北地区人们的娱乐活动和习俗。

本诗出自《百戏竹枝词》。清代女子在闲暇时，喜欢玩一种名叫“攒花”，即“数人更翻踢之”的踢毽游戏。本诗就勾勒了这样一个画面：五颜六色的毽子，在欢声笑语中上下腾翻、左右飞摆，令人眼花缭乱。为了玩得痛快，女子们只穿短衣，她们踢着、笑着，其乐融融，日落不归。

【朗读指导】

青泉万迭｜雉朝飞，
闲蹴鸾靴｜趁短衣。
忘却玉弓｜相笑倦，
攒花日夕｜未曾归。

4　毽　子

【作者生平】

管棆（1663—1723），字宇文，号青村，江苏武进（今江苏常州）人，清代诗人，“江左十五子”之一。著有《据梧诗集》。

【写作背景】

这首诗生动描写了众人踢毽子的热闹场面。人们从鸡笼中找到鸡的羽毛，从绣箧中找到铜钱，做成毽子。踢毽子时，毽子像燕子一样飞东飞西，踢毽子的人更是如猿猴一般敏捷，上下踢、左右踢、旋转踢，把毽子踢得那叫一个精彩。

【朗读指导】

轻帘折燕｜倏东西，妙技传来｜高下齐。
谁向锦笼｜寻芥羽，多从绣箧｜检朱提。
便逾猿捷｜常依井，势比鸾翔｜似踏梯。
轻旋最夸｜身手健，短衣缚裤｜一相携。

三、娓娓道来

1. 请参考教材“源远流长”中的介绍，查阅相关资料，用图文并茂的方式向同学们介绍蹴鞠的产生、发展过程，以及跟蹴鞠有关的古代名画。

2. 请参考教材“源远流长”中的介绍，查阅相关资料，向同学们介绍毽子的产生、发展过程，以及跟踢毽子有关的古代名画。

3. 跟踢足球、踢毽子有关的比赛有哪些？有在广东办过的比赛吗？广东本地有踢足球、踢毽子的队伍吗？以小组为单位，一起找找看。

四、跃跃欲试

（一）实践目标

了解蹴鞠和毽子的历史，仿照古人的游戏规则，组织一次踢蹴鞠或踢毽子的比赛，强身健体的同时可以切身感受古人踢足球或踢毽子的乐趣。

（二）实践过程

1. 查阅相关资料，了解古人踢蹴鞠或踢毽子的游戏规则有几种。
2. 仿照古人的游戏规则，组织一次踢蹴鞠或踢毽子比赛。
3. 比赛结束后，每个小组齐声背诵一首描绘踢蹴鞠或踢毽子场景的古诗。

（三）实践成果

踢蹴鞠或踢毽子比赛。

五、款款临风

请完成以下字帖描红。

寒食城东即事

［唐］王维

清溪一道穿桃李，
演漾绿蒲涵白芷。
溪上人家凡几家，
落花半落东流水。
蹴鞠屡过飞鸟上，
秋千竞出垂杨里。
少年分日作遨游，
不用清明兼上巳。

晚春感事

［宋］陆游

少年骑马入咸阳，
鹘似身轻蝶似狂。
蹴鞠场边万人看，
秋千旗下一春忙。
风光流转浑如昨，
志气低摧只自伤。
日永东斋淡无事，

闭门扫地独焚香。

踢毽儿

［清］李声振

青泉万迭雉朝飞，
闲蹴鸾靴趁短衣。
忘却玉弓相笑倦，
攒花日夕未曾归。

毽子

［清］管棆

轻帘折燕倏东西，
妙技传来高下齐。
谁向锦笼寻芥羽，
多从绣箧检朱提。
便逾猿捷常依井，
势比鸾翔似踏梯。
轻旋最夸身手健，
短衣缚裤一相携。

第四课　传统节日：中秋

一、声声入耳

扫二维码，听朗诵录音。参考注释和教材译文，体会诗文中蕴涵的思想感情。

十五夜[1]望月寄杜郎中

［唐］王建

中庭[2]地白[3]树栖鸦[4]，冷露[5]无声湿桂花。

今夜月明人尽[6]望，不知秋思[7]落[8]谁家。

【注释】

1. 十五夜：农历八月十五中秋节的夜晚。
2. 中庭：即庭中，庭院中。
3. 地白：月光照在庭院地上的样子。
4. 鸦：乌鸦。
5. 冷露：秋天的露水。
6. 尽：都。
7. 秋思：秋天的情思，这里指对亲友的思念。
8. 落：停留。

八月十五日夜玩月

［唐］刘禹锡

天将今夜月，一遍洗寰瀛(huán yíng)[1]。

暑退九霄[2]净，秋澄[3]万景清。

星辰让光彩，风露发晶英[4]。

能变人间世，翛(xiāo)然[5]是玉京[6]。

【注释】

1. 寰瀛：海内。
2. 九霄：天空的最高处，泛指极高或极远的地方。
3. 秋澄：秋日天空清澈明亮。
4. 晶英：光亮，闪亮。
5. 翛然：无拘无束、自在超脱的样子。
6. 玉京：道家称天帝所居之处。

水调歌头

［宋］苏轼

丙辰[1]中秋，欢饮达旦[2]。大醉，作此篇，兼怀子由[3]。

明月几时有？把酒[4]问青天。不知天上宫阙[5]，今夕是何年。我欲乘风归去[6]，又恐琼楼玉宇[7]，高处不胜[8]寒。起舞弄清影，何似[9]在人间。

转朱阁[10]，低绮户[11]，照无眠。不应有恨，何事长向别时圆？人有悲欢离合，月有阴晴圆缺，此事古难全。但[12]愿人长久，千里共婵娟[13]。

【注释】

1. 丙辰：指宋神宗熙宁九年。这一年苏轼在密州（今山东省诸城市）任太守。
2. 达旦：到天亮。
3. 子由：苏轼弟弟苏辙的字。
4. 把酒：端起酒杯。把，执，持。
5. 天上宫阙：指月中宫殿。
6. 归去：回去，这里指回到月宫里去。
7. 琼楼玉宇：美玉砌成的楼宇，这里指想象中的仙宫。
8. 不胜：经受不住。胜，承担，承受。
9. 何似：何如，哪里比得上。
10. 朱阁：朱红的楼阁。
11. 绮户：华丽的门。
12. 但：只。
13. 婵娟：指月亮。

木兰花慢

［宋］辛弃疾

中秋饮酒将旦[1]，客谓前人诗词有赋待月无送月者，因用《天问》体[2]赋。

可怜[3]今夕月，向何处，去悠悠[4]？是别有[5]人间，那边才见，光影东头[6]？是天外[7]，空汗漫[8]，但长风浩浩送中秋[9]？飞镜[10]无根谁系？姮(héng)娥[11]不嫁谁留？

谓[12]经海底问无由，恍惚使人愁。怕万里长鲸[13]，纵横触破，玉殿琼楼。虾蟆故[14]堪[15]浴水，问云何[16]玉兔[17]解沉浮[18]？若道[19]都齐无恙[20]，云何渐渐如钩[21]？

【注释】

1. 将旦：天快亮了。
2. 《天问》体：《天问》是《楚辞》篇名，作者是屈原。屈原在文中多用四字句，向“天”提出了一百七十多个问题。用《天问》体即用《天问》的体式作词。
3. 可怜：可爱。
4. 悠悠：遥远的样子。
5. 别有：另有。
6. 光影东头：月亮从东方升起。光影，指月亮。
7. 天外：指茫茫宇宙。
8. 汗漫：广阔无边。
9. 送中秋：送走了中秋明月。
10. 飞镜：喻明月。
11. 姮娥：传说中的月中仙女嫦娥。
12. 谓：如果。
13. 长鲸：巨大的鲸鱼。
14. 故：本来。
15. 堪：能够。
16. 云何：为什么。
17. 玉兔：传说中月亮上有白兔在捣药。
18. 解沉浮：会游泳。
19. 若道：假如说。
20. 无恙：安好，无损伤。
21. 渐渐如钩：圆月慢慢变成弯月。

二、朗朗上口

在了解诗文背景的基础上，借助标记符号朗诵诗文。参照相应的朗诵录音，不断提升自己的诵读水平。初期可以跟随录音诵读。

1　十五夜望月寄杜郎中

【作者生平】

王建（约767—约830），字仲初，唐代诗人。王建擅长乐府诗，他平时奔走南北，了解民间疾苦，以田家、蚕妇、织女、水夫等为题材的诗篇，对时政弊端及民生疾苦有所反映。所作《宫词》一百首，多描写宫廷内的日常生活，对后世此类作品影响颇大。有《王司马集》。

【写作背景】

这首诗每两句为一层意思。前两句精妙之处在于一字未提月，却使人一读便知有月。洒落一地的月光让地面都呈白色，栖息在树上的乌鸦清晰可见，连桂花上的露珠都能看清似的。这冷清、静谧的月夜中，站着心有所念的诗人，诗人那思念故人的心绪被这冷冷的月色衬托地愈加浓烈了……此诗以写景始，以抒情终，用笔空灵，韵味无穷。

【朗读指导】

中庭｜地白｜树栖鸦，
冷露｜无声｜湿桂花。
今夜｜月明｜人尽望，
不知｜秋思｜落谁家。

2　八月十五日夜玩月

【作者生平】

刘禹锡（772—842），字梦得，唐代文学家、哲学家。贞元进士，又登博学宏词科。刘禹锡与柳宗元交谊深厚，人称“刘柳”；晚年与白居易唱和甚多，并称“刘白”。其诗雅健清新，善用比兴。《竹枝词》《杨柳枝词》和《插田歌》等组诗，富有民歌特色，为唐诗中别开生面之作。有《刘梦得文集》。

【写作背景】

这首诗将中秋月之特点刻画得十分到位。月光如洗，星辰减色，露珠晶莹。在这中秋之月下，人间的一切杂色都仿佛消失了，万物都笼罩在一片银白、晶亮之中。诗人不由神驰太虚，宛如御风于空，置身于天上宫阙……

【朗读指导】

天将｜今夜月，一遍｜洗寰瀛。
暑退｜九霄净，秋澄｜万景清。
星辰｜让光彩，风露｜发晶英。
能变｜人间世，翛然｜是玉京。

3　水调歌头

【作者生平】

苏轼（1037—1101），字子瞻，号东坡居士，北宋文学家、书画家。苏轼与父苏洵、弟苏辙合称“三苏”，俱被列入“唐宋八大家”。他的诗清新豪健，善用夸张比喻，在艺术表现方面独具风格；词开豪放一派，对后世影响很大。诗文有《东坡七集》等。词集有《东坡乐府》。存世书迹有《答谢民师论文帖》《祭黄幾道文》《前赤壁赋》《黄州寒食诗帖》等。画迹有《枯木怪石图》《竹石图》等。

【写作背景】

这首词是中秋望月怀人之作，表达了苏轼对胞弟苏辙的无限思念。当时，苏轼在密州（今山东诸城）做太守，仍处于被外放冷遇的境况，和弟弟苏辙也已有数年未见。中秋之夜，他一边赏月一边饮酒，创作了此词。

此词上阕望月，展开了大胆的想象。从“我欲”到“又恐”再到“何似”的心理转折中，展示了词人情感的波澜起伏。他终于从幻觉回到现实，在出世与入世的矛盾纠葛中，入世思想最终占了上风。

下阕怀人，即兼怀子由，词人由中秋的圆月联想到人间的离别，同时感念人生的离合无常。他真诚地祝愿人们年年平安，相隔千里也能够共享这美好的月光，表现出了旷达的态度和乐观的精神。

【朗读指导】

丙辰｜中秋，欢饮｜达旦。大醉，作｜此篇，兼怀｜子由。

明月｜几时有？把酒｜问青天。不知｜天上｜宫阙，今夕｜是｜何年。我欲｜乘风｜归去，又恐｜琼楼｜玉宇，高处｜不胜｜寒。起舞｜弄｜清影，何似｜在｜人间。

转｜朱阁，低｜绮户，照｜无眠。不应｜有恨，何事｜长向｜别时圆？人有｜悲欢离合，月有｜阴晴圆缺，此事｜古难全。但愿｜人长久，千里｜共婵娟。

4　木兰花慢

【作者生平】

辛弃疾（1140—1207），字幼安，号稼轩，南宋词人。辛弃疾出生时，中原已被金兵所占。他一生坚决主张抗金，其词风格豪放，常抒发爱国之情，倾诉壮志难酬的悲愤。与苏轼并称为“苏辛”。有《稼轩长短句》。

【写作背景】

辛弃疾写过不少关于中秋的词，但这首比较特别。从该词的序言可以看出，词人点明了这是一首送月词。词人一反传统，既不叙悲欢离合，也不写游子思妇，而是依据自己对浩瀚天空的观察和想象，仿照屈原《天问》的写法，对月亮提出一系列的问题，让人眼前一亮，耳目一新。

【朗读指导】

中秋饮酒将旦，客谓前人诗词有赋待月无送月者，因用《天问》体赋。

可怜｜今夕月，向｜何处，去｜悠悠？是别有｜人间，那边｜才见，光影｜东头？是｜天外，空｜汗漫，但｜长风浩浩｜送中秋？飞镜｜无根｜谁系？姮娥｜不嫁｜谁留？

谓｜经海底｜问无由，恍惚｜使人愁。怕｜万里｜长鲸，纵横｜触破，玉殿｜琼楼。虾蟆｜故堪｜浴水，问｜云何｜玉兔｜解沉浮？若道｜都齐｜无恙，云何｜渐渐｜如钩？

三、娓娓道来

1. 中秋节是我国的传统节日，也叫仲秋节、祭月节、八月节等，在韩国、日本和越南等国家也较流行。现多认为中秋节于唐宋时开始盛行，明清时期已经成为中国的一大传统节日了。请以小组为单位收集并整理每位小组成员家乡的中秋习俗。各小组代表依次上台进行一分钟以内的关于本组成员家乡中秋习俗的介绍。

2. “明月几时有？把酒问青天，不知天上宫阙，今夕是何年。”这是苏轼《水调歌头》中的名句。古时，人们常好奇月亮上到底住着谁，有哪些宫殿。月亮是人们“最熟悉的陌生人”，是那个每当夜幕降临总会出现在天空中的仰望。

月亮映照着苍茫大地，也让我们从中更好地认识自己。月球探测的每一个大胆设想、每一次成功实施，都是人类认识和利用星球能力的充分展示。请查找资料，了解中国探月工程的计划和已取得的成就，填写“中国探月工程一览表”。

中国探月工程一览表

时间	计划	已取得的成就

3. 从古至今，许多诗人以“中秋”为题材写诗，有的诗婉约清冷，有的诗潇洒豪放。有诗人借明月寄相思，有诗人把酒赏月洒脱快活。请以小组为单位，收集五首以中秋为题材的诗并加以赏析。各小组商讨出最喜爱的一首诗并派出一位代表上台分享小组的感悟。

四、跃跃欲试

（一）实践目标

古时候，人们有中秋祭月的习俗。每逢中秋，人们会在空旷地设一香案，在上面摆上月饼和水果等贡品，朝着月亮的方向祭拜，寄托美好的心愿。通过亲手制作月饼，可以进一步感受中秋文化和氛围。

（二）实践过程

1. 以小组为单位，观看月饼制作视频，查找与月饼有关的故事。
2. 在组长的安排下准备好食材、模具等。
3. 以小组为单位，制作不同馅料的月饼。
4. 以小组为单位，展示本组制作的月饼，讲述一则跟月饼有关的故事。

（三）实践成果

1. 小组制作的月饼。
2. 故事讲述。

五、款款临风

请完成以下字帖描红。

十五夜望月寄杜郎中

［唐］王建

中庭地白树栖鸦，
冷露无声湿桂花。
今夜月明人尽望，
不知秋思落谁家。

八月十五日夜玩月

［唐］刘禹锡

天将今夜月，一遍洗寰瀛。
暑退九霄净，秋澄万景清。
星辰让光彩，风露发晶英。
能变人间世，翛然是玉京。

水调歌头

［宋］苏轼

丙辰中秋，欢饮达旦。大醉，作此篇，兼怀子由。

明月几时有？把酒问青天。不知

天上宫阙，今夕是何年。我欲乘风归去，又恐琼楼玉宇，高处不胜寒。起舞弄清影，何似在人间。

转朱阁，低绮户，照无眠。不应有恨，何事长向别时圆？人有悲欢离合，月有阴晴圆缺，此事古难全。但愿人长久，千里共婵娟。

木兰花慢

[宋] 辛弃疾

中秋饮酒将旦，客谓前人诗词有赋待月无送月者，因用《天问》体赋。

可怜今夕月，向何处，去悠悠？是别有人间，那边才见，光影东头？是天外，空汗漫，但长风浩浩送中秋？飞镜无根谁系？姮娥不嫁谁留？

谓经海底问无由，恍惚使人愁。怕万里长鲸，纵横触破，玉殿琼楼。虾蟆故堪浴水，问云何玉兔解沉浮？若道都齐无恙，云何渐渐如钩？